SER PADRES

SER PADRES

Un programa curricular innovador para la paternidad.

FACILITADOR GUIDE

Guía del Facilitador Ser Padres: Un Currículum Innovador para la Paternidad
Primera edición del libro de texto
Copyright © 2020 by Marvin Charles

Todos los derechos reservados. Ninguna porción de esta publicación puede ser reproducida, almacenada digitalmente o transmitida por cualquier otro medio—electrónico, mecánico, fotocopia, grabación o demás—excepto por cita breve en artículos o diarios, sin el permiso anticipado del publicista, excepto como provisto bajo la ley de Derechos Reservados de los Estados Unidos.

Para ordenar libros adicionales:
www.aboutdads.org
www.amazon.com

ISBN: ###-#-#######-#-#

Editorial y Empacado de Libro: Inspira Literary Solutions, Gig Harbor, WA

Printed in the U.S.A.

Tabla de Contenido

Divine Alternatives for Dads Services ix
Autor e instructor ix

0.0 | Introducción del curso 1
0.1 Meta del curso. 1
0.2 Objetivos del curso 1
0.3 Pre-encuesta PADRES 2

1.0 | Dándole un giro a tu vida 5
1.1 Aborda: El Rol de un Padre. 6
1.2 La Declaración de Ser Padres. 10
1.3 La Historia del Billete de Dólar 12
1.4 Esta es tu vida 15
1.6 Cambio 18
1.7 El Plan Papá 23

2.0 | El Desafío de un Padre: Estar Ahí 25
2.1 Falta de un Padre 26
    2.1.a Anuncio de deseo por un padre 26
    2.1.b Definiendo la falta de un padre 27
    2.1.c El impacto de la falta de un padre. 30
2.2 Presencia de un Padre. 33
    2.2.a Lo que dicen los niños acerca de la presencia de un padre 33
    2.2.b Como la investigación define la presencia de un padre 34
    2.2.c Lo que la investigación dice acerca de la presencia de un padre 36
2.3 Un compromiso de por vida como padre 37
    2.3.a La historia de Amós 38
    2.3.b Lo que significa para ti ser el padre de tu hijo 41
2.4 El Plan Papá 41

3.0 | Lo que hacen los hombres 43
3.1 Ser hombre 44
    3.1.a Actividad: ¿Qué tipo de hombre eres? 46
    3.1.b El elefante en la habitación 48
    3.1.c Lo que hacen los hombres 49
3.2 Ser esposo 52
    3.2a Tu historia con las mujeres 54
    3.2.b Cómo tratar a una mujer 59
3.3 Ser Padre 65
    3.3.a Lo que necesitan los niños 66
    3.3.b Lo que hacen los padres 72
3.4 El Plan Papá 73

4.0 | Venciendo desafíos 75
4.1 Estable en el estrés 76
    4.1.a La prueba del estrés 76
    4.1.b ¿Qué es el estrés? 77
    4.1.c El impacto del estrés 79
4.2 El problema con el trauma 83
    4.2.a Corta como un cuchillo 83
    4.2.a El estudio EIA 85
    4.2.b El cuestionario de EIA 87
4.3 Sanar, Perdonar, Corregir y Avanzar 92
    4.3.a Actividad con los dados: 2 pasos al frente, 3 pasos atrás 92
    4.3.b ¿Sientes ganas de rendirte? 93
    4.3.c Perdonar y avanzar 96
4.4 El Plan Papá 100

5.0 | Siendo Padre 101
5.1 Mejores Destrezas Relacionales 102
    5.1.a El Árbol Familiar 102
    5.1.b Necesidades Familiares 104
    5.1.c Hablar 107
    5.1.d Escuchar 109
5.2 Paternidad en equipo 111
    5.2.a Escultura Familiar 112

  5.2.b Superando el drama 113
  5.2.c Consejos para la paternidad en equipo 114
 5.3 Destrezas de mejor padre 115
  5.3.a Invertir tu tiempo 115
  5.3.b Liderando y Modelando 115
  5.3.c Cuidando de tu hijo 117
 5.4 El Plan Papá 120

6.0 | Avanzar 123
 6.1 Manutención 124
  6.1.a Actividad: Transportador de aviones de apoyo 124
  6.1.b Como los PAPÁS pueden ayudar 125
  6.1.c Preguntas más comunes 127
 6.2 Empleo 132
  6.2.a Actividad: Anuncio de 30 segundos 132
  6.2.b Habilidades blandas 134
  6.2.c Preparándote para tu empleo 136
 6.3 Adicciones 141
 6.3 Actividad: Partido de fútbol de papel 141
  6.3a Desorden de abuso de sustancias 142
  6.3b Prepándote para el cambio 147
  6.3c Cambio paso a paso 149
 6.4 El Plan Papá 152

7.0 | Referencias 155

Servicios de Alternativas Divinas para Papás

Marvin Charles es el fundador y Director Ejecutivo de *Divine Alternatives for Dads Services* (Servicios de Alternativas Divinas para Padres), con base en Seattle, Washington. Por más de 15 años, él ha ayudado efectivamente a los hombres en las comunidades vecinas a reclamar su rol positivo como los padres que sus hijos necesitan. La poderosa historia propia de Marvin de separación y reunificación con su familia, padres e hijos, encendió su pasión por el ministerio, le brindó experiencia y le ha obtenido la confianza de otros hombres para ser su mentor y consejero.

Marvin también ha surgido como un líder nacional, creando padres más fuertes y familias más saludables. Él viaja a lo largo de los Estados Unidos para hablar acerca de empoderar a los padres, que aprendan de otros líderes nacionales y compartir sus éxitos con otras organizaciones que planean implementar programas de paternidad.

Marvin es el autor de *Ser Padres*, lo cual relata su vida y el inicio de Servicios de Alternativas Divinas para Padres. Él es un ministro ordenado y su efectividad extraordinaria proviene de su habilidad que aquellos a quienes aconseja puedan ver más allá del dolor y las amenazas al poderoso cambio que es posible al encontrar a un Dios vivo y un propósito mayor. Ni clase, ni etnicidad constituyen un obstáculo para que Marvin sea escuchado.

Marvin, y su esposa, Jeanett, tienen una hermosa familia mixta de ocho hijos, compuesta por Dontay, Nick, Marvin Jr., Jeffrey, Lyric, Devotion, Marvette y Jamie.

Autor e Instructor

George R. Williams, Ph. D. es un terapeuta entrenado en terapia matrimonial y de familia, así como consultor de vida en familia con casi dos décadas de experiencia como desarrollador de currículo, practicante de paternidad, "master trainer", orador público y consultor, quien ha servido apasionadamente a algunos de nuestros ciudadanos más vulnerables en todas las esferas de la vida.

El Dr. Williams es Director Asistente para "Iniciativas Comunitarias y Basadas en la Fe del Departamento para la

Niñez y las Familias del estado de Kansas, liderando obras en proyectos a nivel de estado tales como "Visibilización de la Salud Mental", "Padres Fuertes de Kansas", Cursos para Trabajadores Sociales, la "Empresa de Liderazgo Comunitario de Kansas" y la Fuerza de Trabajo del Gobernador para la Salud Mental. Anterior a esto, él sirvió como el Director de Servicios para la Adicción y su Prevención, siendo responsable de todos los servicios de desórdenes de consumo de sustancias de Kansas (SUD) – liderando una fuerza de 23 personas, un presupuesto de $46, y supervisando unos 200 proveedores de servicios de SUD.

El Dr. Williams sirvió durante una década en el Centro Nacional para la Paternidad como antiguo director ejecutivo para el Desarrollo de paternidad urbana e impartiendo una educación y programas para paternidad en comunidades a lo largo del país. Como experto reconocido a nivel nacional en paternidad y familia, él ha hablado y enseñado en conferencias nacionales incluyendo la Conferencia Nacional PTA, la Conferencia Nacional de Welfare Reform y la Conferencia National Head Start Fathering, y ha inspirado y ayudado a miles de personas a lo largo del país con sus presentaciones y entrenamientos creatives, influyentes y apasionados. El Dr. Williams se ha presentado en varios medios nacionales y ha escrito varios artículos de parternidad y materiales de enseñanza incluyendo *Kansas Strong Dads, Super Kids, READ to Kids, Males to MEN, Quenching the Father Thirst,* y *Kansas HOPE Mentoring*. Es autor contribuyente en el libro, *Why Fathers Count*.

El Dr. Lee ha obtenido su bachillerato en Ciencias de la Computación y un doctorado en estudios familiares en la Universidad Estatal de Kansas (Manhattan, KS). Obtuvo su título de Maestría en Ciencias de la Universidad Friends (Wichita, KS) en matrimonio y familia. Él y su esposa de 32 años, Trudy, tienen tres hijos y una hija y viven en la ciudad de Kansas.

0.0 Introducción del Curso

El tiempo total del curso son 6 horas. Todas las horas enumeradas están en minutos.
Tiempo restante de curso (trc) **360**
tiempo restante de sección (trs) **50**
tiempo estimado de sesión (tes) **5**
página del participante **x**

[Preséntate; comparte lo que es importante que ellos sepan sobre ti.]

Nota: Recuérdale frecuentemente a los participantes en cuál página están. Hay otras notas de facilitador en el Apéndice de este manual.

0.1 Meta del Curso

La meta del currículo de *Ser Padres* es ayudar a los hombres a aumentar su responsabilidad y tomar acción en sanar y hacer los cambios necesarios en situaciones desafiantes para ser los padres que sus hijos necesitan, para que sus hijos puedan superarse y ser exitosos para la próxima generación.

0.2 Objetivos del Curso

trc 355 | trs 55 | tes 5 | page 7

[Lee lo siguiente]

El propósito de este currículo es que los participantes construyan su conocimiento, mejoren actitudes y apliquen destrezas para ser los padres que sus hijos necesitan. Al completar este currículo ellos podrán:

1. Enfrentar la Verdad de su pasado y tener esperanza para un mejor futuro
2. Entender el impacto de su rol como padre
3. Conocer lo que sus hijos necesitan de ellos
4. Comprometerse con sus hijos para toda la vida
5. Entender el carácter de un hombre que vive para otros
6. Saber cómo tener una relación saludable con la madre de los hijos
7. Iniciar el camino hacia la sanidad y superar los obstáculos para una paternidad efectiva
8. Tener anclaje en su caminar spiritual y mantenimiento
9. Mejorar su situación laboral
10. Entender la red de apoyo infantil
11. Encaminarse en proveer manutención infantil

---

trc 350 | trs 50 | tes 10 | página 8

Anuncia: *A continuación vamos a tomar la pre-encuesta PADRES para medir tus actitudes y acciones.*

Instruye: *Por favor toma los próximos 5 minutos para leer cada enunciado y marcar la casilla que refleja más de cerca tu respuesta. La escala es de 1 (muy en desacuerdo) a 5 (muy de acuerdo).*

[Da un minuto de preaviso cuando ya estás listo para retomar la sesión.]

0.3 Pre-encuesta PADRES

Instrucciones: *Por favor marca la casilla correspondiente.*

INTRODUCCIÓN DEL CURSO

	5 = Muy de acuerdo	4 = De acuerdo	3 = Neutral	2 = En desacuerdo	1 = Muy en desacuerdo
1. No me molestaría que mi hijo crezca y se convierta en alguien como yo.	❏	❏	❏	❏	❏
2. Quisiera que mi hija se case con alguien como yo.	❏	❏	❏	❏	❏
3. Creo que los padres son igual de importantes que las madres.	❏	❏	❏	❏	❏
4. El involucramiento de un padre incluye presencia física, social, emocional y espiritual.	❏	❏	❏	❏	❏
5. Creo que los hombres necesitamos ayuda para ser los padres que nuestros hijos necesitan.	❏	❏	❏	❏	❏
6. Hombres y mujeres deberían ser tratados como iguales en todas las cosas.	❏	❏	❏	❏	❏
7. Madres y padres deben trabajar juntos para el beneficios de sus hijos, aun si no están juntos.	❏	❏	❏	❏	❏
8. La violencia no tiene lugar entre madres, padres e hijos en la familia.	❏	❏	❏	❏	❏
9. Tengo una comunicación abierta con la madre de mis hijos(a).	❏	❏	❏	❏	❏
10. Mis hijos saben que yo estoy disponible para ellos día y noche.	❏	❏	❏	❏	❏
11. Yo soy el responsable de cuidar de las necesidades físicas, emocionales, sociales y espirituales de mis hijos.	❏	❏	❏	❏	❏

12. Yo sé donde mis hijos deberían de estar en cuanto a su desarrollo mental.	❏	❏	❏	❏	❏
13. Con regularidad expreso mi amor hacia mis hijos con palabras y hechos.	❏	❏	❏	❏	❏
14. Tengo interacción regular con mis hijos a través del juego, lectura y/o hablando con ellos.	❏	❏	❏	❏	❏
15. Estoy involucrado en la educación de mis hijos.	❏	❏	❏	❏	❏
16. Le estoy pagando actualmente la manutención a mi hijo.	❏	❏	❏	❏	❏
17. Tengo trabajo o estoy buscando trabajo.	❏	❏	❏	❏	❏
18. Tengo acceso regular a mis hijos durante cualquier hora del día.	❏	❏	❏	❏	❏
19. He abierto una cuenta de ahorros para la universidad de mis hijos y le abono cada mes.	❏	❏	❏	❏	❏
20. Asisto semanalmente a un grupo de apoyo para mejorar mi paternidad, bienestar espiritual y sobriedad.	❏	❏	❏	❏	❏
21. Durante mi infancia mis padres siempre estuvieron en mi vida.	❏	❏	❏	❏	❏
22. Nunca he sido encarcelado.	❏	❏	❏	❏	❏
23. No sufrí abuso durante mi niñez.	❏	❏	❏	❏	❏
24. He estado sobrio por más de un año.	❏	❏	❏	❏	❏
25. Nadie en mi familia tiene algún desorden mental.	❏	❏	❏	❏	❏

Pregunta: ¿Alguien tiene alguna pregunta o comentario acerca de la encuesta?

1.0 Dándole un giro a tu vida

> trc 340 | trs 40 | tes 10 | página 11
>
> [Lee lo siguiente]

META

Convertirme en un mejor padre
Le voy a dar un giro a mi vida
Enfrentar la verdad y liberarme de aquellas cosas que una vez me tuvieron atado

OBJETIVOS

1. El rol de un Padre
2. La historia del billete de dólar
3. ¿Estás preparado para un cambio?

¿Qué tan prevalente está la ausencia paterna? Una cita anterior del *New York Times* (1971) lo dice todo, "La mayoría de los niños estadounidenses sufren de mucha mama y de poco papa." En otras palabras, los niños se están perdiendo de los beneficios plenos de un involucramiento saludable del padre. La ausencia paterna ha estado en niveles históricamente elevados desde los años noventa y sigue impactando a más del 25% de los niños en los Estados Unidos.

Los padres son crucialmente importantes para los niños—los padres son sus campeones y héroes. Los niños aman y necesitan a sus padres. "Nada puede reemplazar a un padre que pasa tiempo con sus hijos." Que esa sea la motivación para que los padres den un giro a sus vidas y se conviertan en los padres que necesitan sus hijos.

1.1 Aborda: El Rol de un Padre

> **Anuncia:** *Para nuestra primera actividad, te vamos a llevar de vuelta a tu juventud cuando hacías cosas con papel para divertirte.*
>
> **Instruye:** *Usando una sola hoja de papel, tendrás 2 minutos para hacer algo con el papel.*
>
> **Nota:** *Si alguien te preguntara qué hiciste, simplemente responde; "Hice algo con la hoja de papel."*
>
> Anuncia: **Listos, empiecen.**
>
> [Dales un aviso de un minuto cuando el tiempo se está acabando]

Usando una sola hoja de papel, tú puedes crear muchos objetos. La cultura japonesa tiene una forma de arte llamada *origami*, o "el arte de doblar papel." Existe una buena probabilidad de que cuando estuviste en la escuela hicieras, para jugar, cosas con papel, y a veces, para pasar el tiempo. Este próximo ejercicio es para devolverte a una época anterior cuando creabas cosas con papel, a manera de diversión.

Instrucciones: Se te va a entregar una hoja estándar, de tamaño carta. Vas a disponer un límite de tiempo y se te va a pedir que hagas algo usando esa hoja de papel. (Williams, 2010)

> [Una vez que se acabe el tiempo, lee lo siguiente]
>
> **Anuncia:** *El tiempo se acabó. Me gustaría que todos enseñen lo que hicieron, compartan qué es y por qué lo hicieron.*
>
> [Haz las siguientes dos preguntas.]

Preguntas del proceso
1. ¿Qué hiciste?
2. ¿Por qué lo hiciste?
3. ¿Cómo puedes comparar este ejercito con la manera en la que te convertiste en la persona que eres hoy día?

> **Nota:** A continuación, hay una lista de comparaciones del ejercicio con la paternidad que los padres podrían compartir. Dales tiempo para responder, pero si se quedan pegados, puedes señalar los siguientes puntos:
>
> 1. Se te dio una hoja de papel para formar; a los padres se les da un bebé para formar.
> 2. A ti te dieron 2 minutos; a los padres se les da 18 años.
> 3. A ti se te dieron instrucciones pobres; a los padres no se les da ninguna instrucción.
> 4. Cada uno hizo algo diferente; todos los padres ejercen una paternidad diferente.
> 5. Tú hiciste lo que sabías hacer; los padres hacen lo que saben hacer mejor.
> 6. Tú no tuviste un modelo; muchos padres no tuvieron un modelo de padre.
> 7. Pudiste no haber hecho nada con el papel; muchos padres no están involucrados con sus hijos.
>
> [Haz las siguientes preguntas.]

4. ¿Cuáles son, para nosotros, las implicaciones de este ejercicio?

> **Nota:** Podrías tener la opción de jugar ahorcado para adivinar la siguiente frase que resume esta actividad.
>
> [Lee las instrucciones.]

Instrucciones: Trata de identificar las letras para completar la frase que resume nuestra actividad anterior con papel.

L									
P									
S									
F									
D									
D									!

(Williams, 2010)

> [Comparte la respuesta correcta.]
>
> **Anuncia:** *Los padres son formadores de destino. Ellos no establecen el destino pero sí lo forman.*
>
> **Anuncia:** *Los padres juegan un rol crucial en ayudar u obstaculizar el éxito de sus hijos.*
>
> **Transición:** *A continuación, vamos a echar una mirada más cercana a lo que trata el curso.*

1.1 Los padres juegan un rol crucial en ayudar u obstaculizar el éxito de sus hijos.

1.2 La Declaración de Ser Padres

> trc 330 | trs 30 | tes 5 | página 13
>
> **Anuncia:** *Este currículum se trata todo acerca de ser mejores padres, lo cual es algo que cualquier padre encontraría útil. La declaración de Ser Padres es un mapa de ruta para ese currículum que resume el propósito principal para cada sección.*
>
> **Nota:** Ten en cuenta que algunos tal vez no sepan leer.
>
> **Instruye:** *Vamos a leer la siguiente declaración y conversar sobre las preguntas. Te voy a dar 2 minutos para que puedas leer por ti mismo la declaración y luego la vamos a leer juntos.*
>
> [Das 2 minutos y haces un aviso anticipado.]

Para cualquier búsqueda en la vida que valga, es de gran ayuda tener una guía que te mantenga en la senda hacia el éxito. A continuación, está la Declaración Para ser un Mejor Padre, la cual es un mapa para este currículum. Esta es una breve declaración acerca de cada una de las 6 sesiones.

Por favor, ten en cuenta que el tiempo que tú tomas para esta clase es una inversión directa en tus hijos. En lo que nos convertimos en mejores hombres, nuestros hijos se benefician de un mejor papá.

Instrucciones: Lee la siguiente declaración y contesta las preguntas del proceso. Prepárate para discutirlo con el grupo.

> **Anuncia:** *Leamos juntos la declaración.*

Ser un mejor padre

Para ser un mejor padre
Le voy a dar un giro a mi vida

Enfrentar la verdad y liberarme de aquellas cosas
Que una vez me tuvieron atado.

Para ser un mejor padre
Me voy a comprometer a estar ahí
Por el bien de mi hijo
Invirtiendo este tiempo aquí.

Para ser un mejor padre
Voy a hacer lo que hacen los hombres
Madurar, respetar a las mujeres, amar y server a otros
Y eso incluye también a mis hijos.

Para ser un mejor padre
Necesito sanidad de mi pasado
Todo el dolor, traumas y fracasos
Perdonar, corregir y finalmente ir hacia delante.

Para ser un mejor padre
Voy a ser humilde y procurar aprender
Maneras para mejorar como padre, padre en pareja y ciudadano.
Y permitir que esta pasión arda más fuerte.

Voy a ser un mejor padre
No importa qué tan difícil sea, no voy a renunciar ni rendirme
Con el apoyo de mi fe, familia y comunidad
Hasta mi último suspiro y que mis ojos por fin se cierren.

[Lee las preguntas del proceso y dales tiempo a los participantes para responder las preguntas.]

Preguntas del proceso

1. ¿Hay algo que usted le agregaría, quitaría o cambiaría a esta declaración?
2. ¿Qué fue lo que más te llamó la atención de esta declaración?

3. ¿Es esta una meta razonable en tu rol como hombre y como padre?
4. ¿Cuáles podrían ser algunos de los desafíos para cumplir esta declaración?
5. ¿Te podrías comprometer a cumplir esta declaración en favor de tus hijos?

> [Resume las respuestas.]
>
> **Anuncia:** *Este currículum se trata acerca de tomar el compromiso de ser el padre que necesitan tus hijos, y de hacer y vivir la declaración: "¡Me voy a "empaternar"!*
>
> **Transición:** *A continuación, vamos a ver que no es fácil ser un papá.*

1.2 Me voy a "empaternar".

1.3 La Historia del Billete de Dólar

> trc 325 | trs 25 | tes 10 | página 14
>
> [Utiliza un billete de un dólar como ayuda visual.]
>
> [Lee lo siguiente.]

Desafortunadamente, el rol de un padre, a menudo, se resumen en una sola cosa: proveer. Es como si todo padre en los Estados Unidos tuviera el mismo primer y Segundo nombre. El primer nombre es Billete, y apellido es De Dólar. Por supuesto, una gran parte del ser padre es proveer, pero no todo se trata de dinero.

Adicionalmente, los niños necesitan amor, apoyo y guianza por parte de sus mamás y papás para ayudarles a crecer tener éxito en la vida. A continuación, tenemos la historia de un hombre y padre, cuyo primer nombre es Bill (en inglés hace referencia a un nombre masculino, pero también significa "billete"), y su lucha para ser un mejor padre.

La historia del billete de dólar

Después de server 4 años en la prisión por cargos relacionados con drogas, William Haynes tuvo la suerte de encontrar trabajo como operario con láminas de metal. A los 34 años de edad, padre de cinco hijos, nunca había mantenido un trabajo fijo y se sentía bien de estar haciendo dinero por su propia cuenta por primera vez. Sin embargo, lo que Haynes no sabía era que sus obligaciones de manutención de los hijos, acerca de los cuáles no sabía nada, se habían estado acumulando desde que había estado en prisión.

Para cuando cumplió su tiempo de prisión, en el año 2002, él debía $133,000, y después de dos meses y resto de estar trabajando, el estado debía retener sus pagos. "Me estaban quitando, prácticamente, todo el dinero que estaba ganando", dijo Haynes. "Yo quedaba con, quizás, $75 por semana. Yo sentía como si estuviera pagando un préstamo de una casa en la que nunca podría vivir". Fue alrededor de ese tiempo cuando Haynes conoció a Marvin Charles, quien había atravesado un camino parecido en la vida.

Marvin, y su esposa Jeanett, habían tomado lo que han aprendido al trabajar con personas como Haynes, así como trabajar para recuperar a sus propios hijos del estado, para crear una organización que le ayuda a los padres-y a algunas madres, también- a navegar a través de las turbias aguas de la burocracia en cuanto a manutención y paternidad.

Su organización sin fines de lucro y basada en la fe, Divine Alternatives for DADS Services (Servicios de Alternativas Divinas para PADRES) está construida alrededor del supuesto de que los padres son la piedra angular de una familia saludable. La falta de paternidad en este país, dicen ellos, es la raíz de unos $100 billones en gastos del gobierno federal. "Es el verdadero resquebrajamiento de la familia", dice Jeanett. "Generación tras generación –abuelas y tías criando niños sin un padre presente".

Desde sus oficinas en la Avenida Reinier en Seattle, DADS provee servicio relacionados a la manutención y paternidad, y ofrece consejería y educación direccionada a empoderar a los hombres a ser padres más responsables y comprometidos. "No existe ni un solo padre en este país que no quiera ser el héroe de sus hijos", declaró Marvin ante el subcomité del Congreso.

Atrás, en el año 2001, la pareja había trabajado con Haynes mientras que él trataba de lograr que el estado modificara sus pagos de manutención para que calzaran con su presupuesto. Eventualmente, logró que los $133,000 que debía bajaran a un monto más manejable de $11,000.

Encima de eso, Haynes, con ahora 49 años y Casado, creó un plan de paternidad que le permitió ser un padre para sus hijos, incluyendo una reunión con sus gemelos, un niño y una niña, quienes habían sido adoptados y llevados a otro estado mientras que él estaba en prisión. Dos de sus hijos están ahora en la universidad, otro está en las Fuerzas de Reserva de la Marina de los Estados Unidos y otros dos están criando familias propias.

"Marvin y Jeanett toman un abordaje holístico al ayudarte a confrontar las situaciones que te hicieron están con problemas y lejos de tus hijos, en primera instancia", dijo Haynes. "Lo hacen de manera que una persona pueda pararse firme y pueda verse a sí mismo y a sus hijos", continuó. "No solo hablan de eso, sino lo modelan, también".

> **Anuncia:** *La mayoría de hombres pueden identifican con parte de la lucha que Bill experimenta. Las siguientes preguntas nos ayudan a examinar algunas de esas luchas compartidas.*
>
> [Lee las preguntas y permite tiempo para conversar sobre ellas.]

Preguntas del proceso

1. ¿Cómo interfieren las drogas con el ser padre?
2. ¿Qué impacto tiene el estar preso con ser papá?
3. ¿Cómo puedes ser papa si no puedes conseguir trabajo?
4. ¿Cuál es la misión del sistema de la manutención de los hijos?
5. ¿Cuáles son aquellas cosas que los niños necesitan de su padre?
6. ¿Qué tipo de ayuda necesitan los papás?

> [Resume las respuestas.]
>
> **Anuncia:** *Este currículo trata sobre el compromiso de ser el padre que tu hijo necesita. De hacer y cumplir la promesa de: "¡Yo seré papá!".*
>
> **Resume:** *Afrontar la verdad sobre nuestra situación puede doler, pero solo sana. Si nunca la enfrentamos, un día la verdad nos enfrentará. Recuerda: una mentira siempre mata.*
>
> **Transición:** *A continuación, analizaremos más de cerca tu vida..*

1.3 Para un hombre, ser un padre puede ser difícil, pero es más difícil para un hijo estar sin uno.

1.4 Esta Es Tu Vida

> trc 315 | trs 15 | tes 5 | página 16
>
> **Anuncia:** *Así como Bill tiene una historia, usted también. Cuáles fueron las buenas y malas experiencias que ayudaron a formar tu vida?*
>
> **Instruye:** *Reflexiona sobre tu vida y selecciona tres experiencias positivas y negativas que te hayan marcado. Describe el evento, lo que pensaste o sentiste al respecto y cómo pudo haber moldeado o influenciado tu vida.*

Así como William tuvo una historia, tú también la tienes. Cuando miras hacia atrás en tu vida, no tardarás en darte cuenta que ciertos eventos y experiencias han formado quien tú eres. Esta formación es llevada a cabo por las cosas buenas que suceden en tu vida, así como las malas. ¿Cuáles fueron las cosas malas que ocurrieron en la vida de William? ¿Cuáles fueron las cosas buenas que ocurrieron en la vida de William? En este próximo ejercicio, todos tendrán la oportunidad de mirar sus vidas e identificar las cosas buenas y malas que experimentaron.

Instrucciones: Reflexiona sobre tu vida y elige tres experiencias buenas y tres malas que te hayan moldeado. Describe el evento, lo que pensaste o sentiste en medio de él, y cómo te pudo haber formado o influido en tu vida.

Experiencias Buenas

	Evento	Pensamiento o sentimiento	Acción
1			
2			
3			

Experiencias Malas

	Evento	Pensamiento o sentimiento	Acción
1			
2			
3			

> **Anuncia:** *Como estas preguntas son personales, no tiene que compartir nada de lo que usted no quiera. También, seamos respetuosos con aquellos que están dispuestos a compartir.*
>
> [Lee las preguntas del proceso.]

Preguntas del Proceso:

1. ¿Te gustaría compartir alguna buena experiencia?
2. ¿Te gustaría compartir alguna mala experiencia?
3. Cuando tienes una buena o mala experiencia, ¿cómo puedes tomar la decisión de retroceder, quedarte estancado o avanzar?

> **Anuncia:** *Cuando los padres enfrentan experiencias difíciles, pueden tomar la decisión de retroceder, quedarse en el mismo lugar o caminar hacia adelante.*
>
> **Transición:** *Ahora, analizaremos qué se necesita para lograr un cambio real.*

1.5 Cuando los padres tienen experiencias difíciles, tienen la opción de retroceder, quedar estancados o avanzar.

1.6 Cambio

> trc 310 | trs 10 | tes 5 | página 18
>
> **Anuncia:** *El cambio puede ser simple, pero rara vez es fácil. En esta sección, exploraremos la motivación para el cambio, qué necesitas cambiar y cómo lograrlo.*
>
> **Anuncia:** *Ahora, veremos qué es lo que hay que cambiar.*
>
> **Nota:** Pon atención a cómo responden los participantes cuando leas las instrucciones de la segunda parte. A menudo, los participantes mostrarán expresiones faciales, gestos o sonidos de resistencia al ejercicio. Podrías recordarles lo que observan (oyen y ven).
>
> [Lee las instrucciones.]

Instrucciones: Pon tu nombre y firma en el siguiente recuadro. Cuando termines, por favor espera instrucciones por parte del facilitador antes de continuar.

Instrucciones: Pon tu nombre y firma en el siguiente recuadro utilizando tu otra mano.

> [Lee las preguntas del proceso.]

Preguntas del proceso

1. ¿Cómo te sentiste cuando se te pidió firmar en el recuadro de la otra manera?
2. ¿Te vino como algo natural o tuviste que detenerte y pensarlo?
3. ¿Te sentiste cómodo hacienda esto de manera diferente a tu proceso normal?
4. ¿Cuáles son algunas cosas que nos hacen resistentes al cambio?

El cambio no es confortable.

[Lee las preguntas del proceso.]

[A continuación, se muestran algunos ejemplos de respuestas que puede compartir en caso de que los participantes no las compartan.]

Hábito - *Estoy acostumbrado hacerlo de esta manera.*
Tiempo - *Lo he hecho de esta manera por mucho tiempo.*
Esfuerzo - *No es fácil cambiar.*
Fracaso - *Cada vez que cambio, me devuelvo.*

Pregunte: *¿Alguien se ofrecería voluntariamente a leer sobre la "homeostasis"?*

El concepto de la homeostasis viene del campo de la biología. El cuerpo humano se autorregula para mantener un estado estable o homeostasis (Cannos, 1932). Un ejemplo de esto es cuando el azúcar en la sangre está muy elevado, el cuerpo produce sed de agua en un intento para diluir los niveles de azúcar y que se regrese a un equilibrio. En corto, cualquier cambio en el cuerpo enfrenta resistencia como un intento para cambiar de vuelta.

Dicho concepto se usa, también, en la terapia de familia. La idea es que las familias y los individuos resisten el cambio para mantener un estado de estabilidad. Esto es lo que hace que las familias e individuos se queden atascados en ciclos o ciertos comportamientos. Es como un auto que se queda atascado. Las llantas están tratando de avanzar, pero no pueden romper el momentum para liberarse, por lo que sigue regresando a su atascamiento.

Seligman y Maier (1967) llevaron a cabo una investigación sobre Condicionamiento Clásico, en el cual los perros asociaron un choque eléctrico con otro estímulo y exhibieron una desesperanza aprendida. Se repitió un experimento similar para humanos utilizando sonidos fuertes en lugar de choques eléctricos, los cuáles dieron con resultados similares. Debemos de considerar las experiencias por las que atraviesan las personas y aprender de cómo las moldean, así como a las respuestas a lo que hacen. Algunas personas han aprendido a no tener esperanza y eso no es fácil de cambiar.

Preguntas del proceso

1. ¿Qué piensas acerca de la afirmación: "El cambio no siempre es natural o fácil, pero, a menudo, es necesario"?
2. ¿Cuáles son algunos ejemplos de cambios que has intentado hacer, pero que has encontrado difícil?

El cambio no es fácil, y cuando intentamos cambiar, a menudo, cambiamos de vuelta a nuestros antiguos patrones.

El modelo de Etapas del Cambio es ampliamente usado en el campo de la consejería para las adicciones como un mecanismo para entender cómo las personas son motivadas para el cambio. Existen 5 etapas por las que las personas atraviesan varias veces antes de que puedan realmente hace algún cambio. (Prochaska, DiClemente y Norcross, 1992).

Modelo de las Estapas del Cambio
Prochaska, 1992

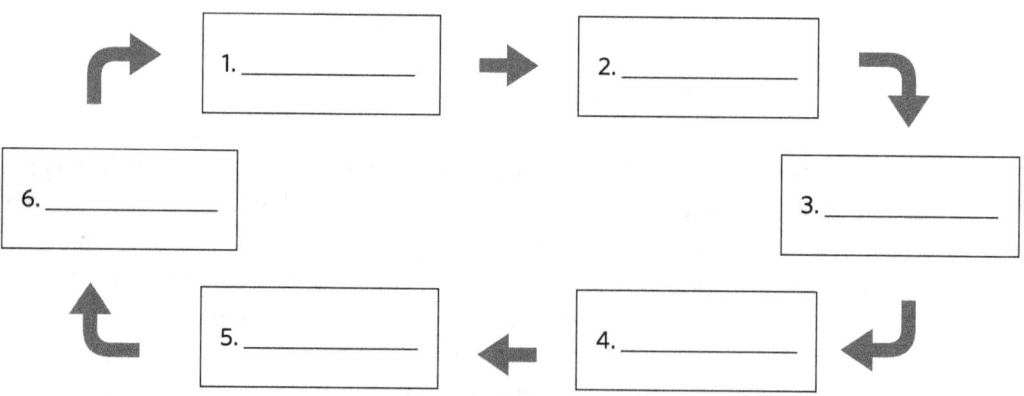

Instrucciones: Llena los espacios en el diagrama usando las siguientes definiciones para que calcen con las siguientes palabras: (Mantenimiento, Preparación, Recaída, Precontemplación, Acción, Contemplación).

1. El padre no quiere ver un cambio por el momento.
2. El padre ve la necesidad de un cambio y está pensando en el cambio.
3. El padre pretende tomar acción en el future cercano.
4. El padre realiza cambios en su comportamiento.
5. El padre necesita sostener el cambio y no retroceder a una racha.
6. El padre comienza de nuevo con el cambio.

1.6 El éxito o fracaso (retroalimentación) de una persona haciendo un cambio está basado en las etapas del cambio y la fuerza de la motivación para el cambio.

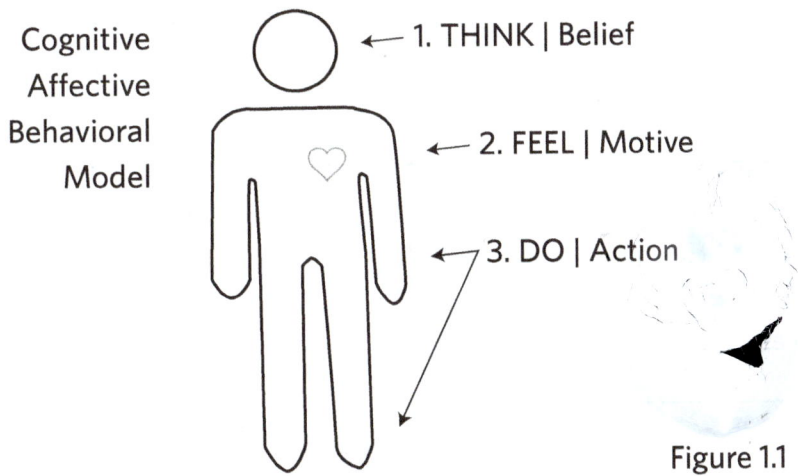

Figure 1.1

Un recurso para ayudar a visualizar el hacer un cambio es la idea de "darle un giro a la vida". Es realizar un giro de 180 grados. Esta idea está resumida en el concepto de arrepentimiento. Es dar la vuelta a una dirección y enrumbarse a otra dirección. ¿Cómo comenzamos a realizar un cambio?

El modelo de "Un Mejor Papá" puede ayudar a guiar Nuestro cambio. El modelo se trata sobre alinear lo que piensas, sientes y haces para ser un mejor padre para tus hijos. En esta sección, vamos a escribir una creencia fundamental, una pasión y una acción que ayuden a guiar y motivarnos para ser un mejor padre. El siguiente es un ejemplo de este modelo:

Ejemplo:

1. Mi creencia fundamental (pensar) es que un padre es responsable por sus hijos.
2. Mi motivación (sentir) es que la vida de mis hijos es más importante que la mía propia.
3. Mi cambio (hacer) es ayudarle a mis hijos a crecer y desarrollarse.

Instrucciones: Anota tu creencia fundamental, motivación y cambio que te ayudaran a ser un mejor padre.

1. ¿Cuál es tu creencia fundamental?
   _____
   _____
   _____
   _____

2. ¿Cuál es tu motivación?
   _____
   _____
   _____
   _____

3. ¿Cuál es tu cambio?
   _____
   _____
   _____
   _____

> **Anuncia:** Tomemos unos minutos para compartir nuestro su cambio con alguien.
>
> **Comparte:** Únete con la persona a la par suya y comparta lo que escribió.
>
> **Nota:** Si hay un numero impar, haz un grupo de tres.
>
> **Anuncia:** Tu cambio también lo puedes usar para tu Plan Papá.

1.7 El Plan Papá

> trc 305 | trs 5 | tes 5 | página 23
>
> **Anuncia:** Esta sección es una de las partes más importantes del curso, donde pondrás en práctica los conocimientos.
>
> **Instruye:** Responde las siguientes preguntas para crear tu Plan Papá, para poder convertirse en un mejor papá dando un giro a tu vida.

Destreza Paterna: un mejor padre al dar un giro a mi vida.

Instrucciones: Contesta las siguientes preguntas para crear un plan papá para ser un mejor padre.

> 1. ¿Cuál es mi meta SMART (eSpecífica, Medible, Alcanzable, Realista, aTempada) específica para darle un giro a mi vida?

2. ¿Qué puedo hacer todos los días de esta semana para tener una mayor conciencia cultural?
3. ¿Cuándo y a dónde voy a hacer esto?
4. ¿A quién le voy a rendir cuentas?

2.0 El Desafío de un Padre: Estar ahí

trc 300 | trs 60 | tes 15 | página 24

[Lee lo siguiente]

META

Ser un mejor padre
Me voy a comprometer a estar ahí
Por el bien de mi hijo
Invirtiendo este tiempo aquí.

OBJETIVOS

1. Falta de un padre
2. Presencia de un padre
3. Un compromiso para toda la vida como padre, no una sentencia de una vida sin uno.

Compromiso es un verbo-una palabra de acción. Compromiso es una declaración de hacer algo. Ayudarle a nuestros hijos a desarrollarse en todas las áreas requiere de un compromiso de estar ahí. La paternidad es galardonadora, pero también requiere de arduo trabajo. Sin compromiso no se hace el trabajo arduo.

Tenemos que determinar ser el padre que está ahí para sus hijos. Para superar cualquier barrera de la paternidad, el hombre tiene que tener un compromiso fuerte. ¿Cuán fuerte es tu compromiso con tus hijos? Podrás decir que estás dispuesto a morir por tus hijos, pero

¿estarás dispuesto a vivir a diario por ellos sin importar lo que puedas enfrentar? Nuestro compromiso debería de ser en palabras y hechos.

2.1 Falta de un Padre

> **Anuncia:** *¿Has escuchado la frase "falta de un Padre"? ¿Qué significa falta de un padre, y cual es el impacto?*
>
> **Anuncia:** *En esta sección, vamos a examinar la falta de un Padre y su impacto.*

2.1.a Anuncio de deseo por un padre

> **Anuncia:** *En la siguiente actividad divertida, tendrá la oportunidad de volver a ser un niño. Podemos aprender de esta actividad.*
>
> [Lee las siguientes instrucciones.]

Instrucciones: Imagina que tienes 8 años nuevamente y no tienes un padre. ¿Qué te gustaría de un padre? Toma 2 minutos para escribir un anuncio de deseo para el tipo de padre que te gustaría desde la perspectiva de un niño. Incluye los deberes, salario y los beneficios de ser tu padre. (Williams, 2010).

> **Anuncia:** *Me gustaría darte la oportunidad para compartir tu anuncio.*
>
> **Pregunta:** *¿Qué te gustaría compartir?*
>
> **Nota:** Asegúrate de dar ánimo a aquellos que comparten. Al hacer las preguntas del proceso, puedes usar las preguntas 3 y 4 como preguntas en las que quisieran pensar, en lugar de responder en voz alta.
>
> [Lee las siguientes instrucciones.]

Preguntas del Proceso:
1. ¿Por qué escribiste lo que escribiste?
2. ¿Qué dice tu anuncio acerca de ti?
3. ¿Podrías responder a tu propio anuncio?
4. ¿Qué crees que escribirían tus hijos?

> **Nota:** Este ejercicio revela nuestra definición del rol paterno. La tercera pregunta explora si cumplimos con nuestra propia definición. La cuarta pregunta explora cuál podría ser nuestra definición infantil. A menudo, los niños no saben cómo expresar lo que necesitan de sus padres.
>
> **Transición:** *Este ejercicio revela nuestra propia definición del rol del padre. A continuación, analizaremos la definición y el impacto de la falta de un padre*
>
> [Lee o resume la siguiente sección.]

2.1.b Definiendo la falta de un padre

Tradicionalmente, cuando escuchamos acerca de padres ausentes, lo relacionamos con aquellos padres que están ausentes físicamente. Sin embargo, un padre puede estar ausente en muchas maneras, tales como social, emocional, moral y/o espiritualmente. Un padre puede vivir en la misma casa (presente físicamente), pero puede estar ausente social y emocionalmente.

La ausencia paterna puede ser un estado permanente o temporal en el que barreras sistémicas o personales y/o decisiones impiden que un padre provea recursos o capital social a sus hijos. Algunos ejemplos de barreras sistémicas que hacen que sea difícil o imposible que un padre se involucre en la vida de sus hijos incluyen: encarcelamiento (indebido), guerra, severa incapacidad mental o física, un divorcio hostil o separación y muerte.

Los padres también puedes tomar decisiones personales para impedir su involucramiento. Algunas decisiones llevan a barreras personales de involucramiento como adicciones, falta de mantenimiento de salud física y mental, comportamientos de riesgo, irresponsabilidad, abandono, crimen, elecciones de carrera, abuso infantil y desatención, así como encarcelamiento. Es posible que la razón de la ausencia pueda disminuir ciertos aspectos del impacto sobre el niño, sin embargo, los resultados son los mismos sin importar las circunstancias y eso representa el cese de la provisión de capital social para el niño.

> **Nota:** La siguiente ilustración muestra cómo un padre proporciona recursos que se canalizan hacia la vida de su hijo. Revisa este diagrama y comparta cuáles son los recursos o el capital para su hijo.
>
> **Anuncia:** *Repasemos este diagrama de recursos que un padre proporciona a su hijo.*
>
> [Repasa el diagrama.]

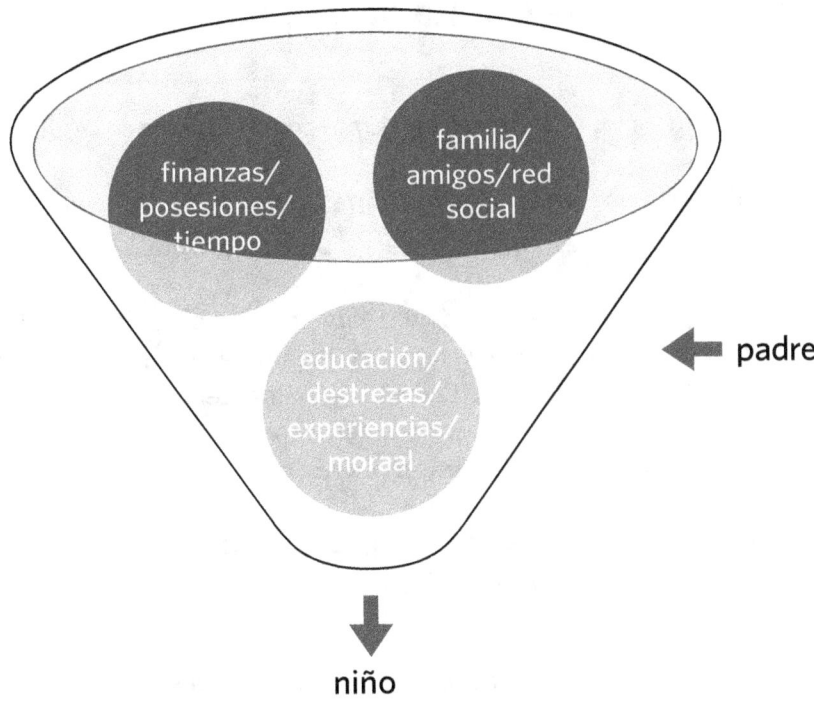

(Williams, 2010)

La ausencia paterna es cuando un padre –por barreras o decisión personal– abandona el proveer recursos y apoyo físico, mental, social, emocional, financiero y/o espiritual para sus hijos.

Preguntas del Proceso:
1. ¿Cuáles son algunas otras cosas que un padre prove para sus hijos?
2. ¿Cuáles son algunos ejemplos de ausencia física, mental, social, emocional, financiera y espiritual?

Transición: *Ahora, veamos el impacto de la falta de un padre.*

[Repasa el diagrama.]

2.1.c El impacto de la falta de un padre

> **Pregunta:** ¿Cuántos niños se irán a la cama sin su padre biológico en casa?
>
> [Lee o pide a alguien que lea el siguiente párrafo.]

La ausencia de un padre se ha esparcido a lo largo de todos los Estados Unidos. No existe una relación directa entre padres viviendo ausentes para sus hijos biológicos y el involucramiento paterno. Muchos de estos padres logran mantenerse involucrados en las vidas de sus hijos. Sin embargo, lo contrario también es verdad, que los padres pueden estar presentes en el hogar y ausentes en otras maneras.

1. Las cuatro maneras en las que un padre puede estar ausente son F_____, E_____, E_____, y M_____.

> **Comparte:** *Las cuatro formas en que un padre puede estar ausente son:* física, emocional, espiritual *y* moral.
>
> [Lee o pide a alguien que lea el siguiente párrafo.]

La socióloga de Princeton, Sara McLanahan, madre soltera, se abocó a comprobar que ser madre soltera no impacta negativamente el bienestar de los niños. Entre más ella investigaba, más evidencia encontraba para apoyar la conclusión opuesta (McLanahan & Sandefur, 1994).

2. Los niños en familias compuestas por una madre soltera dieron p_____ a una variedad de resultados incluyendo: financiero, emocional, comportamental, legal y sexual.

> **Comparte:** *Los niños de familias monoparentales tienen malos resultados en una amplia gama de aspectos, entre ellos: financieros, emocionales, conductuales, legales y sexuales.*
>
> [Lee o pide a alguien que lea el siguiente párrafo.]

La pobreza infantil en los Estados Unidos ha sido afectación de la ausencia del padre en la familia. Menos de una tercera parte de los niños que viven en un hogar con ambos padres vivían en extrema pobreza, mientras que el 70% de los niños que viven con una madre soltera vivían por debajo del nivel de pobreza en el 2009. (Mather, 2010). La pobreza puede ser vista como un acelerador a una gran cantidad de resultados distintos por causa de la carencia inherente de apoyo y recursos vividos en esta condición. Al mismo tiempo, existe una posibilidad de repetir el ciclo generacional.

> **Anuncie:** *Entonces, ¿qué dice la investigación sobre el impacto de la ausencia paterna? Hay cientos de artículos de investigación que informan sobre el impacto de la ausencia paterna. Repasemos algunos artículos clave.*
>
> [Lee o pide a alguien que lea el siguiente párrafo.]

A continuación, hay una lista de resultados de investigaciones acerca el impacto negative de la ausencia del padre en el desarrollo de los hijos:

- Cuando el padre está ausente, sus hijos presentan un mayor riesgo de sufrir de situaciones negativas tales como: problemas emocionales y de comportamiento, pobreza, abuso infantil y negligencia, abuso de sustancias, rendimiento académico pobre y embarazo adolescente. (McLanahan & Sandefur, 1994; Angel & Angel, 1996; Mott, Kowaleski-Jones, & Menaghen, 1997; Hoffmann & Johnson, 1998; Brown, Cohen, Johnson, & Salzinger, 1998).
- Datos de la Encuesta Nacional Longitudinal Juvenil indican que la ausencia de un padre incrementa el doble la probabilidad de presentar dificultad con los pares, comportamientos depresivos en los varones y desafíos de comportamiento en las niñas. (Mott, 1993).
- Un estudio por medio de encuesta a la población, la cual incluyó a un millón de niños, reveló que los niños provenientes de hogares monoparentales tenían el doble

de riesgo de presentar desórdenes mentales, suicidio e intentos de suicidio y abuso de alcohol u otras sustancias, en comparación con los hogares compuestos por ambos padres. (Weitoft, Hjern, Haglund, & Rosen, 2003).

- Estudiantes que viven en hogares con un padre ausente tenían dos veces la probabilidad de repetir un grado escolar y 1.7 veces más probables de presentar deserción de la escuela secundaria que los niños que viven con ambos padres. (McNeal, 1995; Nord & West, 2001).
- Mi estudio investigativo en familias disfuncionales encontró que entre más baja la cantidad y cualidad de involucramiento del padre biológico, más bajo el nivel educativo, empleabilidad, ingreso, salud física, logro social, sobriedad, fidelidad sexual, éxito como padre, cercanía como padre y felicidad cuando los niños alcanzan la adultez. (Williams, 2016).

> **Anuncia:** *Después de revisar estos artículos de investigación, no es exagerado hacer la siguiente afirmación.*
>
> **Comparte:** *La ausencia voluntaria del padre es una forma de* abuso y negligencia infantil.
>
> [Lee o pide a alguien que lea el siguiente párrafo.]

2. La ausencia paterna voluntaria es una forma de A_____ I_____ y N_____ (Williams, 2010).

2.1 El resultado de la ausencia del padre sitúa al niño en un mayor riesgo de resultados de vida negativos.

> [Haz las siguientes preguntas sobre el proceso. No olvides motivar a quienes comparten, agradeciéndoles sus comentarios, pidiéndoles que digan o amplíen sus comentarios.]

Preguntas del Proceso:
1. ¿Cuál es tu opinión acerca de los padres que están ausentes?
2. ¿Cuál es el impacto sobre los niños?
3. ¿Has estado tú ausente en la vida de tus hijos?

2.2 Presencia de un Padre

> trc 285 | trs 45 | tes 15 | página 28
>
> **Transición:** *En esta sección, analizaremos el concepto de paternidad. Para comenzar, examinaremos lo que dicen los niños sobre la paternidad revisando un ejemplo de un ensayo infantil.*
>
> [Resume, lee o pide a alguien que comparta lo siguiente.]

2.2.a Lo que dicen los niños acerca de la presencia de un padre

Desde 1992, el Centro Nacional para la Paternidad ha recolectado más de 1,000,000 de ensayos, escritos por estudiantes de jardín de niños hasta estudiantes de sexto año de secundaria, describiendo lo que representa para ellos la figura de un padre. Una conclusión interesante de estos ensayos es que aun en los casos en los que los niños escribieran acerca de la ausencia, o de "malos" padres, todavía manifestaban su necesidad de ellos. Los niños describían su dolor debido a la ausencia de un padre o por una paternidad pobre, pero terminaban con algo como lo siguiente: "Pero aún quiero que él sepa que lo amo y que lo necesito". Lo siguiente es un ejemplo de un ensayo positivo común, el cual fue escrito por un estudiante de primer grado.

> [Asegúrate de que sepan que esto fue escrito por un alumno de primer grado. Léeselo al grupo. Después, compartan las preguntas del proceso.]

Mi padre es el mejor.
Me padre me ayuda cuando tengo una herida.
Él juega mucho conmigo.
Él hace el desayuno para mi familia.
Me da permiso de invitar amigos a la casa.
Mi papá me ayuda a andar en bicicleta.

Cuando él llega a la casa, ponemos una película y nos acurrucamos. Nos acurrucamos mucho juntos.

Él juega fútbol conmigo.

Él me ayuda con matemática.

Él me ayuda a leer.

Mi papá fue la segunda persona que me cargó cuando acababa de nacer.

Mi papá está en la Fuerza Aérea y salva a nuestro país.

Mi papá es un papá muy bueno.

Gracias, papi, por ser mi héroe y mi papá.

Te amo.

(Centro Nacional para la Paternidad, 2015)

Preguntas del Proceso:

1. ¿Habrá algo acerca de este ensayo que sobresalga para ti?
2. ¿Por qué los niños con padres ausentes tendrán todavía un lugar en sus corazones para ellos?

2.2.b Como la investigación define la presencia de un padre

Transición: *A continuación, veremos qué investigaciones definen la paternidad.*

[Resume, lee o pide a alguien que comparta lo siguiente.]

El examinar más a fondo la importancia del rol de un padre, requiere explorar lo que los padres hacen, por qué y cuándo lo hacen y cómo eso podría hacer una diferencia para los hijos. Uno de los conceptos más investigados, cuando se trata de del rol de los padres, es el involucramiento (Williams, 2016).

Fuera del campo de la biología, la paternidad es un constructo social que define el involucramiento de un padre con su hijo. El constructo de la paternidad ha evolucionado en el tiempo a lo largo de la historia estadounidense, desde un rol con énfasis a la participación del padre, hasta un maestro moral, proveedor del hogar, y un padre que nutre (Williams). Estos constructos unidimensionales de la parternidad han descrito cómo a los padres, a lo largo de períodos de tiempo en la historia, se les esperaba que estuvieran involucrados con sus hijos (Williams).

El concepto de involucramiento paterno ha evolucionado para explicar las diferentes maneras en las que los padres, en diferentes circunstancias y situaciones, interactúan para influir positivamente el desarrollo de los niños. La accesibilidad, involucramiento y responsabilidad son tres componentes básicos que se han vuelto universales para la mayoría de las definiciones de involucramiento paterno (Williams). Estos componentes pueden ser vistos como el marco de percepción de la sociedad de lo que los niños necesitan de sus padres (responsabilidad), qué tan disponibles están los padres para cubrir las necesidades de sus hijos (accesibilidad) y qué tan oportunos son los padres con respecto a las necesidades de sus hijos (compromiso).

> [Dale a los participantes la oportunidad de decir la palabra correcta para el espacio en blanco.]
>
> **Comparte:** *Un padre proporciona un AIRE esencial a sus hijos.*
> **Comparte:** *Un padre es accesible al estar presente o disponible para que su hijo se comunique con él.*
> **Comparte:** *Un padre es involucrado al involucrarse en cada aspecto de la vida de su hijo.*
> **Comparte:** *Un padre es receptivo para satisfacer las necesidades de su hijo.*

Un padre provee **AIR**e para sus hijos.

1. Un padre es A_____ al estar presente y al alcance de sus hijos.
2. Un padre está I_____ al estar envuelto en todas las áreas de la vida de sus hijos.
3. Un padre es R_____ al suplir para las necesidades de sus hijos.
(Williams, 2010)

> [Lee o invita a alguien a leer el resumen. Pregunte si alguien tiene alguna pregunta o comentario.]

2.2 Un padre provee AIRe (Accesibilidad, Involucramiento y Responsabilidad) para ayudar a suplir las necesidades físicas, sociales, emocionales y espirituales de los niños.

2.2.c Lo que la investigación dice acerca de la presencia de un padre

> **Transición:** *Ahora veremos cómo la investigación define la paternidad.*
>
> [Resume, lee o pide a alguien que comparta lo siguiente]

Estos son algunos de los estudios que confirman las conclusiones de Rohner y Veneziano, que documentan los efectos positivos que los padres tran a sus hijos a nivel social, de comportamiento y académico.

- Un estudio acerca de la empatía en la adultez encontró que el predictor más fuerte de empatía hacia otras personas (hombres y mujeres) era el nivel de cuidado y apoyo por parte de los padres durante la niñez (Koestner & Weinberger, 1990).
- Otra serie de investigaciones reportaron niveles más elevados de autocontrol y menos problemas de comportamiento escolar en niños con padres involucrados (Amato & Rivera, 1999). Sumado a esto, a estos niños fueron vistos con un nivel mayor de destrezas sociales, autoestima y habilidades para la vida en general (Amato & Rivera, 1999).
- Datos por parte del Estudio Nacional de Familias y Vivienda mostraron que cuando los padres están involucrados positivamente, los niños experimentaron menos problemas de comportamiento y ansiedades, se llevaban mejor con otros y se volvían más responsables (Mosely & Thomson, 1995).
- Resumiendo un estudio previo sobre la influencia de los padres sobre los niños pequeños, investigadores indicaron que el interes e involucramiento de un padre en los primeros años de vida estaba fuertemente asociado con un mayor nivel de función cognitiva y un mayor nivel de logro académico entre los niños en su etapa escolar (Biller & Kimpton, 1997).
- Un estudio del Departamento de Educación encontró que los niños cuyos padres estaban más involucrados en sus escuelas, eran más propensos a tener éxito académico, disfrutar de la escuela, participar en actividades extracurriculares, así como ser menos propensos a repetir un grado o ser expulsados de la escuela, en relación con aquellos niños cuyos padres no estaban involucrados (Nord & West, 2001).
- Un estudio investigativo sobre familias disfuncionales encontraron que entre mayor es la cantidad y cualidad de involucramiento del padre biológico durante la niñez,

mayor era el nivel de logro académico, empleabilidad, ingreso, salud física, logro social, sobriedad, fidelidad sexual, éxito como padre, cercanía como padre y felicidad, cuando llegan a la adultez (Williams, 2016).

Anuncia: *Después de revisar estos artículos de investigación, no es exagerado hacer la siguiente declaración.*

Comparte: *La ausencia voluntaria del padre es una forma de abuso y negligencia infantil.*

[Lee o pide a alguien que comparta lo siguiente]

2.3 Un compromiso de por vida como padre

---

trc 285 | trs 30 | tes 15 | página 31

Anuncia: *Otra parte de la presencial de un padre es el compromiso.*

Instruye: *Voy a leer la siguiente historia y me gustaría que tuvieran presente el tema de esta lección sobre la crianza comprometida. Les haré algunas preguntas para procesar la historia después. Ahora, relájense y usen su imaginación mientras recorren el mundo de Amós en "La historia de Amós".*

Nota: *Esta es una historia poderosa; a medida que la lea, asegúrate de que "cobre vida" para los oyentes.*

2.3.a La historia de Amós

LA HISTORIA DE AMÓS

Amós salió de los campos de algodón con piedras en su estómago. Más temprano aquel día, Clete, un esclavo de la hacienda, había escuchado por encima una conversación entre el amo de la plantación y otro hombre, acerca de cuánto dinero debería traer Amós a la subasta al día siguiente, y de inmediato se lo contó a Amós.

Amós era un esclavo de arduo trabajo. Nunca se quejaba acerca de las largas y pesadas horas de calor bajo el sol. Siempre cumplía con su cuota diaria de recolección de algodón y a menudo le ayudaba a los otros esclavos con sus cuotas, también. Según el estándar del amo de la plantación, Amós era un esclavo ideal. Debería traerle una buena cantidad al amo de los esclavos.

Amós y Beulah tienen siete hijos. El ser vendidos, y la separación de la familia, siempre ha sido una abrumadora posibilidad. Pero la repentina realidad para Amós y Beulah era horrorosa. Hicieron un gran esfuerzo por no mostrarle a los niños el miedo y la angustia durante la cena y mientras que preparaban la habitación para una noche de descanso.

Amós y sus tres hijos desenfundaron las sábanas artesanales y las pusieron sobre las paletas en su lugar de siempre, sobre el piso de tierra. Beulah arregló y cepilló el cabello de las 4 pequeñas. Cuando estaban listos para la cama, Amós reunió a su familia alrededor de él y repitió de memoria, ya que no sabía leer, el primer versículo del Salmo 23, "Jehová es mi pastor, nada me faltará." Luego oró por su familia y por un buen descanso. Hasta oró por el amo de los esclavos y por su familia. Su oración fue corta aquella noche, él quería mantenerse en control de sus emociones. Sin embargo, en su corazón todavía tenía gran tribulación.

Beulah sopló para apagar la vela al final de la estancia donde estaban a punto de dormirse los niños. Los niños no sospechaban la horrenda situación que estaban enfrentando su papá y mamá. Casi al unísono dijeron, "Buenas noches mamá, buenas noches, papá."

En la penumbra de la otra mitad de la habitación, cerca de la única puerta, Amós abrazaba a Beulah con fuerza. La besó en la frente y susurró en su oído, "Voy a salir un momento." Conociendo a Amós, Beulah sentía que él probablemente quería salir para orar. "Descansa un poco," le susurró mientras abría la puerta para salir.

Amós encontró un espacio que había usado muchas veces, atrás, en la esquina lejana del granero. Había una pila de paja ahí. Cayó de inmediato sobre la pila. Lloró amargamente. Había retenido sus emociones desde temprano por la mañana cuando Clete le había contado acerca del plan del amo. Acortó su tiempo de oración porque sus lágrimas estaban a flor de piel, él se sentía quebrantado. El dolor era insoportable. Beulah y los siete niños eran su vida. Había sido su sueño que si él trabajaba fuertemente y complacía al amo que sus hijos pudieran obtener privilegios especiales y ser sacados de las pesadas condiciones de los campos de algodón para aprender sobre comercio en la plantación, y especialmente aprender a leer. Durante muchas noches y en este mismo lugar, él oraba que todos pudieran mantenerse unidos, como familia. Ahora su sueño estaba a punto de ser disipado. Era como si un cuchillo de doble filo estuviera atravesando su corazón.

Después de lo que parecía como horas de llanto, Amós se incorporó y comenzó a pensar acerca de sus alternativas. Clete le había mencionado que se escapara entre la noche. Amós había considerado esa alternativa durante gran parte del día, pero no se podía asegurar de que esa fuera la alternativa más segura para un esclavo fugitivo.

Mientras los segundos y luego los minutos se acercaban a despuntar el alba, Amós daba vueltas sobre el piso de barro y la pila de paja. No había duda de que los animales en la granja tampoco habían podido dormir anoche. No podían ver a Amós pero de seguro que lo escucharon clamar a Dios por ayuda.

Pronto, los primeros rayos del día comenzaron a filtrarse por las rendijas del viejo granero. Cantaron los gallos. Amós sabía que su suerte estaba delante de él. En un estupor, se compuso. Abrió la puerta del granero y caminó por detrás del granero a la pila de lumbre. Se sentó sobre un gran tronco de árbol. Puso su brazo izquierdo sobre un yunque cercano. Alzó su brazo derecho al aire. Sin remordimiento alguno tiró con fuerza del acha que sostenía en su brazo izquierdo. Un crudo y profundo grito irrumpió de sus adentro y se oyó a lo largo de toda la estancia de los esclavos. En la pila de lumbre, a sus pies, yacía un hacha ensangrentada y su mano y muñeca izquierda: el precio de un padre para mantener unida a su familia.

A los pocos minutos de ese grito desgarrador, varios de los hombres esclavos corrieron hacia la parte de atrás del granero. Beulah se despertó de su sueño casi carente de descanso y se sentó sobre su paleta. Ella sabía que ese grito pertenecía a Amós. Le dijo a su hijo mayor que le ayudara a los demás niños a que se vistieran y ella salió hacia el granero. Salió corriendo por la puerta y

encontró a otros esclavos corriendo detrás del granero. Estando ahí se abrió camino en medio de la conmocionada multitud para ver a Amós sosteniendo su brazo izquierdo herido. Había sangre por todas partes. Beulah soltó el aliento por la escena vista. Pero el horror de la escena rápidamente se convirtió en una emoción agridulce, ya que ella sabía de inmediato que Amós ya no sería más considerado como un esclavo para la subasta de esclavos esa misma tarde. Ningún amo querría un "muchacho" esclavo mutilado.
(Genovese, 1976).

Preguntas del Proceso:

1. ¿Qué sobresalió para ti en esta historia?
2. ¿Qué podemos aprender de Amós?
3. ¿Cómo puedes aplicar esto a tu propia vida?

Anuncia: Este es el relato embellecido de cómo un padre esclavo se comprometió con su rol de padre y esposo. Era un hombre, un esclavo, que se preocupaba tanto por su familia que se amputó el brazo izquierdo.

Anuncia: Amós no huyó de sus desafíos para comprometerse. No abandonó a su familia. No acudió a sus hermanos esclavos para quejarse de su condición. No se ahogó en alcohol ni drogas para eliminar o mitigar su dolor.

Anuncia: Amós estaba comprometido con su familia y tuvo el coraje de afrontar el terrible desafío que estaba sobre él. Su corazón latía con fuerza por su familia. ¿Dónde comienza este compromiso para nosotros?

2.3.b Lo que significa para ti ser el padre de tu hijo

> **Pregunta:** ¿Alguna vez has recibido una carta personal por correo de alguien importante para ti? ¿No fue una experiencia especial? ¿Qué significado tendría para tu hijo/a si le escribieras una carta personal o le hicieras un dibujo o colorearas tu compromiso?
>
> **Anuncia:** Verbalizar nuestro compromiso con nuestros hijos les da seguridad y les brinda un sentido de pertenencia. Es como elegirlos para que estén en tu equipo. Ponerlo por escrito permite que nuestros hijos atesoren la experiencia.
>
> [Lee o pide a alguien que comparta lo siguiente]

Carta de Compromiso

Instrucciones: Redacta una carta para tu hijo o haz un dibujo que exprese tu compromiso para con él o ella. Sugerimos que la carta sea de 300 palabras o menos (más o menos una hoja o tres párrafos). Puedes entregarle la carta a tu hijo para hacer que la experiencia sea más memorable.

2.4 El Plan Papá

> trc 255 | trs 15 | tes 15 | página 35
>
> **Anuncia:** Esta sección es una de las partes más importantes del curso, donde pondrás en práctica los conocimientos.
>
> **Instruye:** Responde las siguientes preguntas para crear tu Plan de Papá para convertirse en un mejor papá que se comprometa a estar presente.

Destreza Paterna: Ser un mejor padre; me comprometo a estar ahí.

Instrucciones: Contesta las siguientes preguntas para crear tu Plan Papá para ser un mejor padre.

1. ¿Cuál es mi meta SMART (eSpecífica, Medible, Alcanzable, Realista, aTempada) para crecer en conciencia cultural?

2. ¿Qué puedo hacer todos los días de esta semana para tener una mayor conciencia cultural?

3. ¿Cuándo y a dónde voy a hacer esto?

4. ¿A quién le voy a rendir cuentas?

3.0 Lo que hacen los hombres

> trc 240 | trs 60 | tes 15 | página 36
>
> [Lee la sección a continuación.]

META

Para ser un mejor padre
Voy a hacer lo que hacen los hombres:
Madurar, respetar a las mujeres, amar y servir a otros
Y eso incluye, también, a mis hijos.

OBJETIVOS

1. Ser hombre
2. Ser esposo
3. Ser padre

¿Cuándo te convertiste en hombre? Al preguntarle esto a varios hombres, a lo largo de los años, he notado esa mirada perpleja en sus rostros. Muchos de estos hombres nunca se habían enfrentado a esta pregunta, por lo que, quizás, no le habían puesto mucha mente al tema. Las respuestas podrían variar desde tomar la responsabilidad de uno mismo, hasta procrear. Notablemente están ausentes de la mayoría de estas respuestas los requisitos del carácter de un hombre.

La hombría es una travesía asistida por madurez y servicio en respeto, responsabilidad y buen proceder en todas sus relaciones. Cuando un hombre aprende su rol, él es posicionado para cumplir su misión en la vida, porque este hombre sabe quién es él y cuál es su propósito en la vida. No tenemos que haber "arribado" para ser un padre, sino que debemos seguir en la travesía. Al atravesar la puerta de la hombría, dejamos atrás nuestras maneras de niño. No podemos guiar a nuestros hijos en una travesía que no hemos comenzado nosotros, ¡y por eso se necesita ser hombre para ser papá!

3.1 Ser hombre

Nota: Esta actividad presenta las características de ser hombre. Recuerda que generalizar es útil para la investigación y el humor, pero no aplica a muchos otros casos.

[Lee las instrucciones que están adelante.]

Instrucciones: La mayoría reconocer este símbolo para el hombre. Aunque eso podría no ser difícil, el verdadero desafío es determinar esto: ¿cuáles son dos objetos que conforman el símbolo de hombre?

Nota: Dale a la clase la oportunidad de intentar resolverlo. Puedes considerar dar un pequeño premio a quien adivine la respuesta.

[Después de que hayan intentado responder, se les puede dar la siguiente pista.]

Anuncia: *Aquí hay una pista: los hombres son de Marte.*

[Después de darles una oportunidad, puedes dar la siguiente respuesta.]

Respuesta: *Marte era el dios griego de la guerra. Los dos objetos que representan al hombre son un escudo y una lanza.*

Resume: *Los hombres comparten muchas similitudes con las mujeres, pero también presentan diferencias que pueden ser fuente de conflicto. Por ejemplo, se cree que los hombres son más racionales y se centran más en ganar o en el rendimiento. Analicemos algunas consideraciones sobre los hombres.*

3.1.a Actividad: ¿Qué tipo de hombre eres?

> **Nota:** Esta actividad para grupos pequeños requiere espacio para reunir a los hombres en círculo. Pueden usar sillas o un papel de 21,5 x 28 cm en el suelo.
>
> **Anuncia:** *Esta es una actividad física y si tienes algún problema de movilidad, eres libre de no moverte de tu lugar.*
>
> **Anuncia:** *Ubica tu lugar en el círculo sobre el papel o la silla. A la cuenta de tres, le preguntaremos a la persona del medio: "¿Qué tipo de persona eres?". Responderá con cualquier característica de un hombre (por ejemplo, soy un hombre que ama a su familia). Si esa característica no aplica a ti, quédate quieto; de lo contrario, debes cambiar de silla o papel. La última persona del medio que no tenga silla ni papel será la siguiente a la que se le preguntará: "¿Qué tipo de hombre eres?".*
>
> [Da un minute, y avisa cuando ya haya pasado el tiempo.]

Instrucciones: Toma tu lugar en el círculo sobre el papel o sobre la silla. Al contar tres, le preguntamos a la persona en el centro: "¿Qué tipo de hombre eres?" Ellos pueden responder con cualquier tipo de característica de un hombre (ejemplo: Yo soy un hombre que ama a su familia). Si esa característica no aplica para ti, quédate en tu lugar. Si aplica para ti, entonces debes moverte de la silla o el papel a uno diferente. La última persona en el medio, que no tiene una silla o papel, es la siguiente persona a quien se le debe preguntar: "¿Qué tipo de hombre eres?"

> **Anuncia:** *Este ejercicio ha dado una idea de algunas características de ser hombre. A continuación, exploremos algunas preguntas que nos ayudan a comprender mejor qué significa ser hombre.*

Preguntas del Proceso:

1. ¿Cuándo te convertiste en hombre?

2. ¿Cuáles son los ingredientes para ser hombre?
3. ¿Quién te prepara para ser hombre?
2. 4.¿Puede una mujer enseñarle a un niño a ser hombre?

Nota: Para la pregunta 1, pídele a todos que te indiquen su edad sin dar explicaciones. La respuesta a la pregunta 1 depende de cómo define ser hombre.
[Haz la pregunta 1.]

Anuncia: *Desafortunadamente, en Estados Unidos no existe una definición universal de lo que significa ser hombre.*

[Haz la pregunta 2.]

Anuncia: *Estos ingredientes que compartiste son parte de lo que significa ser hombre.*

[Haz la pregunta 3.]

Anuncia: *La expectativa es que un padre ayude a preparar a un niño para convertirse en un hombre.*

Nota: Para la pregunta 4, pide a todos que levanten la mano si creen que una mujer puede enseñar a un niño a ser un hombre. La respuesta a la pregunta 4 depende de cómo interpreten la pregunta.

[Haz la pregunta 4.]

Anunciz: *En mi opinión, una mujer puede enseñar a un niño a ser hombre, pero no lo puede convertir en hombre. No se puede convertir a alguien en alguien a quien uno no ha llegado.*

Transición: *Ahora, veamos una historia que dará una idea de otro aspecto de la hombría.*

3.1.b El elefante en la habitación

Muestra el video de los elefantes delincuentes

> **Nota:** Esta actividad incluye un video. Si no tienes acceso al video, no tienes tiempo o no puedes mostrarlo, puedes leer la historia a continuación.
>
> **Anuncia:** *A finales de la década de 1990, en el Parque Pilanesberg de Sudáfrica, los rinocerontes prosperaban hasta que un asesino desconocido comenzó a acecharlos. Treinta y nueve rinocerontes, el 10 % de la población del parque, fueron asesinados. Resultó que los elefantes machos jóvenes estaban detrás de los asesinatos de rinocerontes.*
>
> **Anuncia:** *El problema se remontaba a 20 años atrás, en el área de conservación más grande de Sudáfrica, el Parque Nacional Kruger. Kruger tenía demasiados elefantes. En aquel entonces, no había forma de reubicar a estos grandes adultos. Por lo tanto, los investigadores decidieron sacrificar a los adultos y salvar a las crías, que eran más fáciles de transportar a otros parques.*
>
> **Anuncia:** *Años después, aquellos huérfanos solitarios se convirtieron en una pandilla de adolescentes con problemas. Fue entonces cuando comenzaron las matanzas en el Parque Pilanesberg. Los habitantes de Pilanesberg querían evitar la matanza de los delincuentes. Los guardabosques comenzaron a buscar modelos a seguir para evitar que los jóvenes se aparearan a una edad temprana, cuando no soportaban el aumento de testosterona. Decidieron traer elefantes machos aún más grandes.*
>
> **Anuncia:** *Los guardabosques del Parque Nacional Kruger trajeron algunos de estos grandes elefantes. Los elefantes más grandes y mayores establecieron una nueva jerarquía, en parte al combatir con los elefantes más jóvenes para disuadirlos de ser sexualmente activos. Esto significa menos testosterona, lo cual fue una buena noticia para los rinocerontes.*
>
> [Haz las preguntas del proceso.]

Preguntas del Proceso:

1. ¿Qué sobresale para ti en este video?
2. ¿Cómo puedes comparar este video con el camino de los niños para convertirse en hombres?
3. ¿Qué hacen los hombres inmaduros?
4. ¿Cuál es la meta principal de ser hombre?
5. ¿Qué obstaculiza el camino de un hombre en proceso de madurez?

Anuncia: *En comparación, esta historia resalta la necesidad que tienen los chicos de que sus padres los ayuden en su camino hacia la madurez. En la historia, el grupo de adolescentes se extravió sin que sus padres cumplieran una función que los confrontara o los guiara en el camino correcto hacia la madurez. Los padres fueron modelos a seguir y maestros.*

3.1.c Lo que hacen los hombres

Nota: Información de fondo sobre ser hombre.

[Lee las instrucciones.]

Instrucciones: Resuelve este crucigrama. Usa las palabras para llenar los espacios y completar la definición de hombría.

Vertical	Horizontal
1. Mostrar valor y estima por otros	2. Nuestras conexiones sociales con otros
3. Ser dueño de tus palabras y acciones	4. Hacer lo correcto en el momento correcto
5. Un camino a una meta	6. Un estado de crecimiento y desarrollo
7. Alguien te ayuda	8. Cuando ayudas a otros

Hombría es un 5. _____ de 7. _____ de 6. _____ y 8. _____ en 1. _____, 3. _____ y 4. _____ en toda su 2. _____.

> **Anuncia:** *Ahora, Vamos a compartir las preguntas de proceso sobre la definición de hombría y leer algunos puntos sobre la definición a considerar.*

Preguntas del proceso:

1. ¿Cómo nos podemos convertir en nuestro propio hombre?
2. ¿Cuál es la travesía de la hombría?
3. ¿Qué apariencia tiene un hombre maduro?
4. ¿Cómo podemos ser un hombre para los demás?
5. ¿A quién le debemos respeto?
6. ¿Qué significa ser responsable?
7. ¿Por qué es importante el buen proceder en la vida de un hombre?
8. ¿Cuáles son los diferentes tipos de relación de un hombre?

Asistido: Necesitamos asistencia o ayuda para convertirnos en hombres y eso debería comenzar con nuestros padres o continua con nuestros hijos (e hijas para ser mujer).

Travesía: La hombría es más una travesía o proceso, y no tanto un destino.

Madurez: Eras un niño y ahora, de hombre, dejas detrás de ti las cosas de niño.

Servicio: Cuando éramos bebés, otros nos servían, cuando éramos niños, nos servíamos a nosotros mismos. Ahora que somos hombres, servimos a los demás.

Respeto: Todas mis relaciones comienzan con respeto o estimando en mí mismo, así como en otras personas, lo que pienso, siento, digo y hago.

Responsabilidad: El ser responsable es ser dueños de lo que hacemos y decimos, así como de mis pertenencias.

Buen proceder: Es hacer lo correcto, en el momento correcto, por las razones correctas.

Relación: Parte de nuestro propósito principal es conectarnos socialmente con otros, lo cual sostiene la llave de nuestra vida, crecimiento y futuro.

Instrucciones: Para esta sección, describe algo que te gustaría mejorar en tu travesía de hombría

_____
_____
_____
_____

3.2 Ser Esposo

> trc 225 | trs 45 | tes 15 | página 50
>
> **Nota:** Esta actividad presenta las diferencias percibidas entre las mujeres. Recuerda que generalizar es útil para la investigación y el humor, pero no aplica a muchos otros casos.
>
> [Lee las instrucciones más adelante.]

Instrucciones: La mayoría de las personas reconocen que este símbolo representa a las mujeres. Aunque eso podría no ser tán difícil, el verdadero desafío es determinar esto: ¿Cuáles son los dos objetos que conforman este símbolo de mujer?

> **Nota:** Dale a la clase la oportunidad de intentar resolverlo. Podrías considerar dar un pequeño premio a quien diga la respuesta.
>
> [Después de que hayan intentado responder puedes darles la siguiente pista.]
>
> **Anuncia:** *Aquí hay una pista: las mujeres son de Venus..*
>
> [Después de darles una oportunidad, puedes dar la siguiente respuesta.]
>
> **Respuesta:** *Venus es la diosa griega del amor y la belleza. Los dos objetos que representan a la mujer son un espejo y un peine.*
>
> **Resumen:** *Las mujeres comparten muchas similitudes con los hombres, pero también presentan diferencias que pueden ser fuente de conflicto. Por ejemplo, se suele pensar que las mujeres son más emocionales y se preocupan más por las relaciones. Analicemos algunas consideraciones sobre las mujeres.*

3.2a Tu historia con las mujeres

> **Nota:** Para la actividad, necesitas una pizarra o rotafolio y marcadores.
>
> Esta actividad busca que los hombres hagan una lista las cualidades que desearían en una esposa. Es probable que tengan muchas cualidades ideales que enumerar. El objetivo es usar esta lista para sorprenderlos con la pregunta: ¿cuántas de estas cualidades ideales se cumplen en su caso? ¿Son buenos hombres?
>
> Esta actividad se divide en dos partes. La primera, se les da tiempo para que escriban sus cinco cualidades favoritas de una buena mujer. En la segunda, se recopila una lista completa de las cualidades que buscan en una buena mujer.
>
> **Instruye:** Luego, haremos una actividad llamada "Es difícil encontrar una buena mujer". Toma un minuto para escribir una lista de las 5 cualidades principales de una buena mujer. Una vez que la completes, te guiaré en la segunda parte.

Una buena mujer es difícil de encontrar

Instrucciones: Toma un minuto para hacer una lista de tus 5 cualidades más importantes de una buena mujer.

1. _____
2. _____
3. _____
4. _____
5. _____

Instruye: *A continuación, vamos a recopilar una lista completa de las cualidades de una buena mujer. Compartamos las cualidades por turnos y denme tiempo para anotarlas.*

Preguntas del Proceso:
1. ¿Cuántas de estas cualidades son verdad en ti?
2. ¿Tienes que ser un buen hombre para encontrar una buena mujer?
3. ¿Qué podemos aprender de este ejercicio?

Resumen: *Algo que podemos aprender de este ejercicio es la importancia de trabajar en nosotros mismos. Tendemos a atraer a personas que no necesariamente son iguales a nosotros, pero sí compatibles. En otras palabras, un tipo de maldad se siente atraído por otro tipo de maldad. Y cuando una persona desarrolla o madura un tipo de bondad, entonces lo que nos atrajo puede convertirse en lo que nos repele de alguien.*

Fundamento para las relaciones con las mujeres

Instruye: *Completa el espacio en blanco.*

[Tu mamá puede MOLDEAR la manera en que te relaciones con las mujeres.]

Instruye: Completa el espacio en blanco.

Tu mamá puede _____ la manera en la que te relacionas con las mujeres.

> **Anuncia:** *Muchos hombres no les interesa leer, Pero esta información ha sido útil para muchos hombres. Así que, nos tomaremos un tiempo para leer y aprender sobre nuestra relación con las mujeres, basada en el apego a nuestra madre.*
>
> *[Da la oportunidad de leer, pero debes empezar e intentar que la lectura cobre vida. También, invítalos a subrayar o marcar cualquier cosa que te llame la atención.]*

Apego hacia tu mamá

La habilidad de las personas para confiar está arraigado en su relación primitiva con su madre como cuidadora primaria. Este apego es un vínculo profundo y duradero que conecta a una persona con otra. La teoría del apego provee una explicación de cómo la relación padre-niño emerge e influye en el desarrollo y futuras relaciones subsecuentes (Bowlby, 1969).

Si durante los primeros 3 meses de la vida de sus hijos, las madres fueron propicias para con las necesidades de sus hijos, entonces el niño se hace más seguro, apegado y confiado en sus futuras relaciones de adulto. Cuando el apego es seguro, el individuo se ve a sí mismo como objeto de amor y a otros como confiables y propicios para con sus necesidades. Es fácil confiar.

Si las madres no fueron propicias, entonces el niño desarrollaba un apego inseguro y ansioso. Los individuos apegados con inseguridad y ansiedad cuestionan si son objetos de amor o si los otros son confiables o propicios para con sus necesidades. Les es difícil confiar.

> **Instruye:** *Completa el espacio en blanco con la información dada.*
>
> *[Una persona con apego seguro se ve a sí misma como DIGNA de AMOR y a los demás como CONFIABLES y RESPONSABLES a sus necesidades.]*
>
> *[Comparte la pregunta del proceso.]*

Instruye: Complete el espacio en blanco con la información del cuadro.

Una persona con apego seguro se ve a sí mismo como O_____ de amor y a los demás C_____ y P_____ para con sus necesidades

Preguntas del Proceso: ¿Cómo podría, el presentar un apego inseguro, causar problemas en tus relaciones con las mujeres?

> **Anuncia:** Aquí hay otra oportunidad para leer y aprender como la relación que tenemos con las mujeres es influenciada por su mamá.
>
> [Puedes darles a los hombres la oportunidad de leer, pero debes empezar e intentar que la lectura cobre vida. También invítalos a subrayar o marcar cualquier cosa que te llame la atención.]

Estilos de Maternidad

Partes de esta sección fueron adaptadas del libro del año 2002 de la Dra. Susan Forward, Cuando el amor es odio: Hombres que odian a las mujeres y mujeres que siguen amándolos, publicado por Bantam Books.

El vínculo primario en una familia es entre el papá y la mamá. Cuando el padre está ausente, el vínculo primero pasa al de madre-hijo. De este vínculo primario, un desempeño no saludable con las mujeres puede surgir en el hijo, si no se equilibra correctamente. Vamos a hacer referencia a estos vínculos como los diferentes estilos de maternidad.

El primero estilo de maternidad es la madre sobre-cercana. Esta madre, inadvertidamente, impide la madurez de su hijo. Ella lo hace todo por él, mas nunca corta el cordón umbilical que los conecta a ambos. La motivación de la madre para este estilo es que el hijo podría haber tomado el lugar del padre ausente en la relación mamá-papá. Esto ser puede ver en aquellos hombres que siguen estando con sus mamás, aún de adultos; o cuando la madre interfiere en la relación con otra mujer. Él podría estar buscando más una madre que una esposa. Él podría elegir a su madre por encima de su esposa.

Un segundo estilo es la madre sobre-controladora. Este tipo de madre puede crear resentimiento en el hijo. Esta madre podría estar compensando la carencia de padre en su hijo. Ella quiere lo mejor para su hijo, pero es excesivamente controladora al hacerlo. Ella controla al estar involucrada en mucho detalle, con actitudes de crítica o cualquier tipo de abuso. Esto puede crear un fundamento de resentimiento en las relaciones con otras mujeres, lo cual resulta en una lucha de poder. Él intenta usar la manipulación, el abuso o el odio para tener una posición de ventaja a la hora de relacionarse con las mujeres.

El tercero es el estilo de maternidad no-emocional. En este estilo, una madre ha experimentado victimización o rechaza a su hijo. Esto puede crear una necesidad intensa por tener madre. Esto se puede expresar por medio de un apetito sexual excesivo en el hombre o el uso del abuso para cubrir su vulnerabilidad. 1

A propósito de que las madres son importantes para los niños, y que los hombres necesitan a las mujeres también, debemos aprender a tener relaciones de respeto con las mujeres. El comprender a las mujeres, así como el entender cómo tu relación con tu madre puede tener impacto sobre como te relacionas con las mujeres, son cosas importantes. Esto nos puede ayudar a tener relaciones saludables con todas las mujeres en nuestras vidas.

> **Instruye:** *Completa el espacio en blanco con la información de arriba.*
>
> [Las madres que son sobre-cercanas, sobre-controladores o que no están disponibles, pueden inadvertidamente impactar el <u>ACTITUD</u> de su hijo hacia las mujeres.]

Instruye: Completa el espacio en blanco con la información de dada.

Las madres que son sobre-cercanas, sobre-controladores o que no están disponibles, pueden inadvertidamente impactar el A_____ de su hijo hacia las mujeres.

> **Anuncia:** *A continuación, analizaremos las preguntas del proceso sobre nuestra relación con nuestra madre y las mujeres, y escribiremos algo que podamos hacer para mejorar nuestra relación con ellas. Esto incluye a nuestra madre, hermanas, hijas y esposa o pareja.*

Preguntas del Proceso:

1. ¿Qué tipo de relación tuviste con tu madre?
2. ¿Hubo algo en esta lectura que te habló directamente?
3. ¿Cómo han sido tus relaciones con las mujeres?
4. ¿Cómo podrías aplicar lo que aprendiste en tus relaciones con las mujeres?

Instrucciones: De esta sección, describe algo que te gustaría mejorar en tu relación con las mujeres.

_____

_____

_____

_____

_____

3.2.b Cómo tratar a una mujer

Relaciónate con ella

> **Anuncia:** *En el libro de Shaunti Feldhahn (2006), "Solo para hombres", ella comparte seis hallazgos clave, basados en un estudio científico nacional, para darles a los hombres las herramientas que necesitan para amar a sus esposas de la manera en que ellos necesitan ser amados.*
>
> **Anuncia:** *La información de este libro puede ayudarte a mejorar todas tus relaciones con las mujeres de su vida, incluyendo tu madre, hermana, hija, esposa o pareja.*

En el libro de Shaunti Feldhahn (2006), Solo Para Hombres, ella comparte 6 conclusiones, basadas en un estudio científico nacional, que le da a los hombres las herramientas que necesitan para amar a sus esposas de la manera en que necesitan ser amadas.

> **Instruye:** Lee la declaración correspondiente a continuación y determina la palabra que debe insertarse en el espacio en blanco para completar la declaración.
>
> [Clave de respuestas]
> 1. Reafirma
> 2. Emocionalmente
> 3. Escuchar
> 4. Afirmar
> 5. Tiempo
> 6. Disfrutar

Instrucciones: Lee cada enunciado a continuación y determina cuál palabra sirve para completar la idea.

(Palabras: Disfruta, Tiempo, Afirma, Escucha, Emocionalmente, Reafirma)

1. R_____, a menudo, tu amor por ella.
2. Entiéndela E_____ para ser una válcula de alivio.
3. E_____ para ser, primero, un filtro, y luego alguien que responde.
4. A_____ su belleza como si fueras su espejo.
5. Pasar T_____ juntos.
6. D_____ la relación y sus diferencias.

> **Anuncia:** El ejercicio que acabamos de completar puede ayudarte a recordar los seis hallazgos, y la siguiente información puede ayudarnos a comprender mejor cada hallazgo.

1. Muchas cosas de las que hacen las mujeres y que frustran a los hombres son, a menudo, señales de que las mujeres necesitan reafirmación de que son amadas. El trato matrimonial, en realidad, nunca se ha cerrado en su vida, ni siquiera después

de la ceremonia. Es como si los votos matrimoniales de "Sí, acepto" significan, para ella, un continuo "¿Aceptas?" Comparte, a menudo, tu amor por ella.

2. Las mujeres podrán encontrar frecuentes arrebatos de emociones no resueltas y problemas del presente y del pasado. Cuando ella está cargando con mucho, y su carga se vuelve excesiva y abrumadora, ella podría necesitar de un espacio para compartir lo que siente. Los hombres necesitan aprender a estar cómodos con las emociones porque ella te necesita.

3. Las mujeres quieren que los hombres escuchan primero y que validen como se sienten acerca del problema antes de de tratar de arreglarlo. Los hombres a menudo no están conscientes de la necesidad de tomarse el tiempo para evaluar si el problema es emocional, y de inmediato entran en una modalidad de arreglar. Sin embargo, la emoción que experimenta la mujer es el verdadero problema. Ellas quieren que esos sentimientos sean escuchados y comprendidos más que lo que quieren que el problema sea resuelto.

4. En la mayoría de las mujeres, todavía está viva por dentro la niña pequeña, y ella necesita saber que su hombre piensa que ella es hermosa. Las mujeres están preocupadas, inconscientemente, acerca de esto todos los días. Un esposo es un espejo personal que puede reflerjar a su esposa las palabras de afirmación que ella está anhelando escuchar. Si fallamos en esto, ella queda en un estado de fragilidad, abierta antes dudas y la presión externa de un mundo hostil. Podemos ser un espejo o un martillo que lo puede destruir todo.

5. Haz que el tiempo juntos, uno a uno, sea una prioridad. Debes estar seguro de que ella sabe que tú cuidas de ella primero. No es que tengas que pasar cada minuto fuera del trabajo con tu esposa, pero haz que esté claro de que ese tiempo juntos es una gran prioridad para ti. Demuestra y comparte tu compromiso de que tú estás ahí por ella, sin importar qué suceda. El estar lejos durante largas horas para proveer no es suficiente cuando eso lastima a la familia misma a quien estás tratando de proveer. Es importante que sean verdaderos socios o en todo lo que sucede en el hogar.

6. Disfruta de saber que una de las cosas más importantes que las mujeres quieren que sepan sus esposos es algo que es abrumador, "Eres mi héroe." Ellas expresaron cuánto admiraban, respetaban y amaban a sus esposos y querían hacerlos felices. Muchas dijeron lo agradecidas que estaban por sus esposos maravillosos. En corto, estas mujeres querían que sus esposo supieran que ellas veían a sus esposos como héroes. 9 de cada 10 mujeres saltaron ante la posibilidad de mostrar cuánto realmente respetaban y amaban a sus hombres. Disfruta tu vida con ella.

> **Instruye:** En esta sección, describe una cosa en la que te puedes concentrar más para llenar el tanque emocional de tu pareja.

Instrucciones: De esta sección, describe algo en lo que te podrías enfocar para hacer de más para llenar el tanque emocional de tu pareja.

_____

_____

_____

_____

_____

> **Anuncia:** *En su libro Los cinco lenguajes del amor (2015), Gary Chapman comparte maneras de llenar el tanque de amor emocional de tu pareja hablando su lenguaje de amor específico. Ten en cuenta que esto también aplica a tu hijo, quien también tiene un lenguaje de amor.*
>
> **Instrucciones:** *Relaciona el lenguaje de amor con la descripción.*

Aprende Su Lenguaje de AMOR

Instrucciones: En su libro Los Cinco Lenguajes del Amor (2015), Gary Chapman comparte cuáles son las maneras en las que puedas llenar el tanque emocional de tu esposa hablando su lenguaje específico de amor. Únelas trazando una línea entre el lenguaje de amor y la descripción.

1. Palabras de Afirmación	Las acciones no siempre hablan más fuerte que las palabras. Si este es tu lenguaje de amor, los cumplidos no solicitados significan el mundo para ti. El escuchar las palabras "te amo" es importante-escuchar las razones para ese amor te envía por los cielos. Los insultos te pueden dejar roto en pedazos y no son perdonados fácilmente.
2. Actos de Servicio	Cuando el contacto físico, cercano es tu lenguaje de amor, te sientes cuidado y conectado con alguien que te muestra afecto a través de la cercanía física. Te llenas con el consuelo de un abrazo, el calos de manos, la seguridad de un toque gentil sobre tu hombre. Para ti, un toque no trata solo de intimidad-se trata de sentirte seguro, visto y valorado en presencia de alguien a quien amas. Aun los gestos pequeños como un pequeño apretón al pasar, te comunican amor en maneras en las que las palabras jamás podrían. Te recuerda que no estás solo, que eres querido y que alguien quiere estar cerca de ti.
3. Regalos	No malinterpretes este lenguaje de amor con materialismo; el receptor de regalos se llena con el ser recordado, así como el esfuerzo detrás del regalo. Si tú hablas este lenguaje, el regalo o gesto perfecto demuestra que eres conocido, que eres cuidado y que eres priorizado por encima de cualquier sacrificio para traerte ese regalo. Un cumpleaños, aniversario olvidado, así como un regalo simple, sin razón podría ser desastroso-así como la ausencia de gestos constantes.
4. Tiempo de Calidad	Nada dice "Te amo" más que la atención plena y no dividida. El estar ahí para este tipo de persona es crucial, pero el realmente estar ahí, así como poner todo lo demás en espero hace que tu pareja se sienta realmente especial y amada. Las distracciones, citas pospuestas o el no escuchar puede ser especialmente doloroso.

5. Contacto Físico ¿Podría el aspirar la alfombra ser una expresión de amor? ¡Por supuesto! Cualquier cosa que hagas para aliviar la carga de las responsabilidades en una persona de "Actos de Servicio" habla a gritos. Las palabras que más le gusta escuchar son: "Déjame hacer eso por ti." La pereza, los compromisos no cumplidos y hacerlas trabajar de más hace que las personas que hablan este lenguaje sientan que sus emociones no importan.

> **Anuncia:** *Conocer los lenguajes del amor puede orientarte sobre acciones específicas que pueden beneficiar a tu pareja. Pero ¿cómo se determina el lenguaje del amor de una persona?*
>
> **Instruye:** *Revisaremos las siguientes sugerencias para determinar el lenguaje del amor de tu cónyuge.*

¿Cómo determinas tu lenguaje de amor? La siguiente información te ayudará a determinar tu lenguaje de amor.

1. Tu tipo de crianza puede ayudar a formar tu lenguaje de amor. ¿Cómo te mostraron amor tus padres cuando te criaban? ¿Qué te hizo sentir más querido cuando eras niño? Existe una alta probabilidad de que ese sea tu lenguaje de amor.
2. Cuando realmente le quieres demostrar a alguien cariño, ¿qué es lo primero que se te viene a la mente? Tus instintos más básicos, también, pueden demostrar tu lenguaje de amor.
3. Experiencias dolorosas en tus relaciones pueden mostrar tu lenguaje de amor primario. Si alguien cercano te lastima de manera profunda o dejan de demostrarte amor de la manera que tú quisieras, tal vez, ese dolor profundo/insatisfacción vino porque la manera en la que más te sientes amado no fue satisfecha. Esto significa que lo que ellos fallaron en hacer es lo que tú más valoras porque es tu lenguaje de amor primario.

> **Instruye:** *Escribe el lenguaje del amor de su pareja y un ejemplo de por qué crees que es adecuado para él.*

Instrucciones: A partir de esta sección, describe cuál es el lenguaje de amor de tu pareja y comparte un ejemplo de por qué tú sientes que calza con ese lenguaje.

_____

_____

_____

_____

_____

3.3 Ser Padre

> trc 210 | trs 30 | tes 15 | página 50
>
> **Anuncia:** *El rol de un padre lo define, en última instancia, el hijo. ¿Qué tan bien cuida el padre a su hijo?*

El rol de padre es definido, ultimadamente, por el hijo. Se trata todo acerca de lo que hace el padre para promover el bienestar de su hijo. El definir el bienestar del niño incluye diferentes áreas de su desarrollo y necesidades (Pollard & Lee, 2003). Existen 5 áreas de bienestar que se extraen de la investigación literaria: 1) física, 2) emocional, 3) social, 4) cognitiva, and 5) económica (Pollard & Lee, 2003; Lippman,2007; Bzostek, 2008). Vamos a usar estas áreas en lo que exploramos lo que necesitan los niños y lo que hacen los padres para satisfacer estas necesidades.

3.3.a Lo que necesitan los niños

> **Anuncia:** *El rol de un padre lo define, en última instancia, el hijo. ¿Qué tan bien cuida el padre a su hijo?*
>
> **Instruye:** *Lee la declaración correspondiente a continuación y determina la palabra que debe insertarse en el espacio en blanco para completar la declaración.*
>
> [Clave de respuestas]
> 1. Supervivencia
> 2. Seguridad
> 3. Apoyo
> 4. Dirección

Instrucciones: Elige de la siguiente lista para llenar los espacios en blanco.

Lista de palabras: [apoyo, dirigen, seguridad, supervivencia]

1. Las necesidades físicas de tus hijos involucran su cuerpo y son cruciales para su _____ y crecimiento.
2. Las necesidades emocionales de tus hijos involucran sus sentimientos y su sentido de _____ y pertenencia.
3. Las necesidades sociales de tus hijos involucran sus relaciones y ayudan a fortalecer sus conexiones y _____ de otros.
4. Las necesidades morales de tus hijos involucran sus comportamientos y _____ las decisiones que toman en su conducta.

> **Instruye:** *Escribe un ejemplo de una necesidad física, emocional, social y moral.*
>
> [Posibles Ejemplos]
>
> 1. Físico: Alimentación, ropa, vivienda, seguridad, manutención infantil.
> 2. Emocional: Amor, identidad, propósito, valores, autoestima, afirmación, intimidad, pertenencia, aceptación.
> 3. Social: Relación con los padres, relación con los demás, educación, ejercicio, atención médica, nutrición, cuidado infantil.
> 4. Moral: Valores, espiritualidad, lo correcto y lo incorrecto, respeto a la autoridad, consejo y disciplina.

Instrucciones: Anota un ejemplo de una necesidad física, emocional, social y moral.

_____

_____

_____

_____

_____

Debemos estar al tanto del desarrollo constante de nuestros hijos. Las necesidades de ellos están cambiando constantemente a causa de su crecimiento. Lo que era verdad la semana pasada podría no ser verdad para esta semana.

A continuación, hay una lista de las necesidades y consideraciones que debemos tener para estar a la Vanguardia de nuestros hijos. Nuestros hijos tienen necesidades físicas, cognitivas, sociales y emocionales, junto con logros y problemas a los cuales les debemos prestar atención.

> **Nota:** Ten en cuenta que algunos hombres podrían no querer o no saber leer. Puedes optar por leer las etapas o pedir voluntarios para hacerlo.
>
> **Instruye:** Lee las etapas del desarrollo y toma nota especialmente de la etapa en la que se encuentran tu hijo o hijos y sus necesidades, hitos y posibles problemas.

Instrucciones: Lee estas etapas de desarrollo y toma nota, particularmente, de la etapa en la que están tus hijos y sus necesidades respectivas, logros y potenciales problemas.

Infantes y niños pequeños

Físico

- Provee nutrición adecuada, Cuidado de la salud y juega con tu hijo

Cognitivo

- Interactúa con tu hijo sosteniéndolo, dándole tiempo frente a frente
- Responde constantemente a lo que dicen y hacen.

Social

- Pasa tiempo jugando, leyéndoles, hablándoles y cuidando de ellos.

Emocional

- Ayuda a fomentar un apego seguro al ser propicio a las necesidades de tus hijos.

Logros

- Caminar, hablar, tener un temperamento mayormente estable y llevarse bien con otros niños.

Potenciales Problemas

- Nutrición inadecuada, falta de cuidado, trato grosero, falta de interacción y de hablar con ellos.

Preescolar

Físico
- Aumento de peso y de altura, habilidades finas y gruesas.

Cognitivo
- Necesidad de crecer en vocabulario, leer muchos libros.

Social
- Cooperar con otros y seguir reglas, distinguir entre bueno y malo, ejercitar el autocontrol.

Emocional
- Autoestima basada en lo que otros le dicen, menos arrebatos emocionales, actividades autodirigidas.

Logros
- Aprender a usar el baño (control de esfínteres)

Potenciales Problemas
- Inmadurez social, problemas de ansiedad y miedo, carencia de autoestima o autocontrol, agresión excesiva o berrinches, eneuresis (pobre control de la vejiga).

Edad Escolar

Físico
- Crecimiento lento, estable: 3 a 4 pulgadas por año

Cognitivo
- Reconocer la perspectiva de otros y la diferencia entre comportamiento e intención

Social

- Las amistades son específicas a la situación, comenzando a entender roles sociales y tomando más responsabilidades en el hogar

Emocional

- Autoestima

Logros

- La pubertad empieza de los 10 a 12 años

Potenciales Problemas

- Perturbaciones emocionales: depresión, ansiedad, Estrés Post Traumático, dificultades para establecer confianza, abuso y negligencia, bullying, experimentación con drogas y sexo

Adolescentes

Físico

- Crecimiento acelerado, pubertad, cuerpo ajustándose al crecimiento acelerado

Cognitivo

- Puede pesar las consecuencias de pensamientos y acciones sin experimentarlas, considera la perspectiva de otros, crecimiento en pensamiento y resolución de problemas

Social

- Distante de los padres, se identifica más con el grupo de pares que con los padres; más independiente

Emocional

- Mayor autoconciencia, desarrollando y luchando con su propia identidad

Logros

- Manejo

Potenciales Problemas

- Problemas que van con la edad escolar: perturbaciones emocionales: depression, ansiedad, Estrés Post Traumático, dificultades para establecer confianza, abuso y negligencia, bullying, experimentación con drogas y sexo

(Adapted from Rycus, 1998)

> **Instruye:** *Escribe las necesidades que quieres recordar para tu hijo, lo que ha podido lograr y los posibles problemas a los que debes estar atento.*

Instrucciones: Anota las necesidades de tu hijo que quieras recordar, lo que han podido lograr y los potenciales problemas por los que debes velar.

_____

_____

_____

_____

_____

3.3.b Lo que hacen los padres

Anuncia: *Hombres y mujeres comparten muchas similitudes y diferencias. Aunque parezca diferente, las mujeres crían, al igual que los hombres, y la crianza es una función importante de la paternidad.*

Instruye: *Lee la afirmación correspondiente a continuación y determina la palabra que debe insertarse en el espacio en blanco para completarla.*

[Clave de respuestas]
1. Proveer, Proteger, Disciplinar, Apoyar
2. Tiempo, Esfuerzo
3. Niños
4. Desarrollar

Los hombres y mujeres comparten varias similitudes, así como diferencias. Aunque puedan parecer diferentes, las mujeres proveen nutrición y los hombres también. Nutrir es una parte importante de ser padre.

Los niños son dependientes de amor y cuidado. Así como una planta necesita alimento, sol, tierra y agua para crecer y surgir, nuestros hijos necesitan ser nutridos. Los padres ayudan a proveer la nutrición requerida para que sus hijos puedan crecer y surgir.

Instrucciones: Usa el siguiente banco de palabras para llenar los espacios en blanco. (Tiempo, Desarrollan, Esfuerzo, Proveer, Disciplina, Proteger, Apoyar, Comunicación)

1. Nutrir es P_____ para las necesidades del niño, P_____ a de cualquier daño, D_____ a un niño con límites saludables y A_____ a un niño para que pueda desarrollar una autoimagen saludable.
2. Nutrir requiere T_____ y E_____.
3. Según una investigación, la nutrición es una de las variables más importantes para desarrollar una C_____ saludable.
4. Los niños nutridos se D_____ para ser adultos competentes, responsables, independientes, confiados, enfocados en cumplir objetivos y con capacidad de control de la agresión y saludables.

3.4 El Plan Papá

> trc 195 | trs 15 | tes 15 | página 55
>
> **Anuncia:** *Esta sección es una de las partes más importantes del curso, donde pondrás en práctica los conocimientos.*
>
> **Instruye:** *Responde las siguientes preguntas para crear tu Plan de Papá y convertirte en un mejor padre. «Me comprometo a madurar, a respetar a las mujeres y a servir a los demás».*

Destreza Paterna: Conviértete en un mejor padre madurando como un hombre que respeta a las mujeres y sirve a otros.

Recuerda usar metas SMART para tu plan de darle un giro a tu vida.

Instrucciones: Contesta las siguientes preguntas para crear tu Plan Papá para ser un mejor padre.

1. ¿Cuál es mi meta SMART (eSpecífica, Medible, Alcanzable, Realista, aTempada) para desarrollar conciencia cultural?
2. ¿Qué puedo hacer todos los días de esta semana para tener una mayor conciencia cultura?
3. ¿Cuándo y a dónde voy a hacer esto?

4. ¿A quién le voy a rendir cuentas?

4.0 Venciendo Desafíos

tcr 180 | tsr 60 | tes 15 | página 56

[Lee lo siguiente.]

Advertencia: esta sección podría ser un disparador para algunas personas que hayan experimentado trauma de primera o segunda mano. Por favor, siéntete en la libertad de prescindir del grupo si necesitaras para asegurarte cuidar de ti hoy.

METAS

Para ser un mejor padre
Necesito sanar de mi pasado
Todo el dolor, trauma y fracasos
Perdonando, arreglando y moviéndome hacia delante al fin.

OBJECTIVOS

1. Estable durante estrés
2. El problema con el trauma
3. Sanidad a través de perdonar, corregir y avanzar

La verdadera medida del deseo de un padre para sus hijos es identificar aquello que lo detiene a él de ser padre. La senda de a paternidad tiene muchos obstáculos que se pueden meter en el camino de ser el padre que necesitan sus hijos.

Otra manera de mirar los desafíos en la vida es que son estresores. Un estresor es una presión que experimentamos cuando no podemos lidiar con las demandas de la vida. 2 Estos estresores distraen nuestra atención de la tarea de ser padre para poder lidiar con el estrés. Nuestro tiempo y esfuerzo son consumidos tratando de aliviar el estrés. A menudo, a causa de la presión, podemos ser impulsados a tomar malas decisiones al manejarlo.

4.1 Estable en el estrés

> **Anuncia:** *En esta próxima actividad, pondremos a prueba tus habilidades de construcción. Las investigaciones demuestran la importancia de la estabilidad en el entorno y las relaciones de un niño. La estabilidad de un padre se mide por su presencia constante, su palabra y su estabilidad emocional.*

Las investigaciones señalan la importancia de la estabilidad en el ambiente del niño y sus relaciones. Esto es realmente cierto en cuanto a la relación del niño con su madre y padre. La estabilidad del padre se mide por su presencia constante, manteniendo su palabra y un estado emocional estable.

4.1.a La prueba del estrés

> **Instruye:** *En esta actividad, el objetivo es diseñar y construir un puente funcional con fichas (3x5) que soporte el peso de una botella de agua. El puente debe medir al menos 2,5 cm de alto x 7,6 cm de ancho x 12,7 cm de largo. Puedes usar hasta seis fichas para construirlo.*
>
> **Anuncia:** *Los dos consejos de construcción son: 1. una tarjeta es para la superficie superior y 2. la otra es que los triángulos ayudan a hacer cualquier estructura más fuerte.*

Instrucciones: En esta actividad, la meta es diseñar y construir un puente funcional a partir de tarjetas de estudio (3x5) que pueda soportar el peso de una botella de agua. El puente debe tener al menos una pulgada de altura por tres pulgadas de ancho por cinco pulgadas de largo. Puedes usar hasta seis tarjetas para construir tu puente.

Estos son 2 consejos para construir:

1. Usa una tarjeta para la superficie de arriba.
2. Los triángulos pueden ayudar a que la estructura sea más fuerte.

[Comparte las preguntas del proceso.]

Preguntas del proceso:

1. ¿Por qué fue capaz, tu puente, de soportar el peso de la botella?
2. ¿Cómo puedes comparar este ejercicio con nuestra habilidad para manejar el estrés y el drama?
3. ¿Cuáles son algunas consecuencias de no poder manejar el estrés o el drama?

4.1.b ¿Qué es el estrés?

Pregunta: *¿Cómo se define el estrés?*

Anuncia: *Leamos la definición de estrés.*

4.1 Estrés se refiere a las presiones diarias que experimenta un hombre, las cuales pueden impactar su funcionamiento, y que resultan de la idea de que hay una carencia de recursos para hacer frente a las intensidades, frecuencias y duraciones de las demandas de la vida.

Anuncia: *No todo el estrés es malo; a veces, el estrés puede ayudarnos a crecer y desarrollarnos. A continuación, analizaremos las tres clasificaciones comunes del estrés.*

Instruye: *Leeré la definición de cada tipo de estrés y les daré un minuto para escribir tres ejemplos de ese tipo. Luego tendrán la oportunidad de compartir sus ejemplos.*

No todo estrés es malo—a veces el estrés nos puede ayudar a crecer y a desarrollarnos. A continuación vamos a ver las 3 clasificaciones más comunes del estrés (CWIG, 2015; NSCDC, 2007).

Instrucciones: Anota 3 ejemplos de estrés para cada tipo de estrés.

> [Clave de respuestas]
> 1. Estrés positivo: conocer gente nueva, ir al dentista, lidiar con la frustración y la disciplina.
> 2. Estrés tolerable: la muerte de un ser querido, un divorcio, un desastre natural, una lesión aterradora.
> 3. Estrés tóxico: negligencia crónica, enfermedad mental o abuso de sustancias del cuidador, exposición a la violencia

1. Estrés positivo es moderado y de corta duración, causado por breves aumentos en la frecuencia cardiaca o ligeros cambios en los niveles de la hormona del estrés. El aprender a ajustar este tipo de estrés es un aspecto importante y necesario de un desarrollo saludable que ocurre en el contexto de las relaciones estables y de apoyo. (CWIG, NSCDC).
   a. _____
   b. _____
   c. _____
2. **Estrés tolerable** es lo suficientemente severo como para alterar la arquitectura cerebral si no se revisa, pero es combatido por relaciones de apoyo que facilitan a lidiar con, y mitigar los efectos dañinos. (CWIG, NSCDC). El estrés tolerable ocurre, generalmente, en un período de tiempo limitado, el cual le permite al cerebro la oportunidad para recuperarse de efectos potencialmente dañinos.
   a. _____
   b. _____
   c. _____
3. **Estrés tóxico** el cual es severo y prolongado ante la ausencia de una protección por parte de relaciones de apoyo. El estrés tóxico altera la arquitectura cerebral y lleva a problemas de por vida en el aprendizaje, comportamiento y la salud tanto física, como mental. (CWIG, NSCDC). Relationships can mitigate the toxicity of stress.
   a. _____

b. _____
c. _____

4.1.c El impacto del estrés

> **Anuncia:** ¿Cómo podría el estrés afectar el desempeño paterno? Analicemos un modelo que ilustra cómo el estrés puede afectar a un padre.
>
> [Lee lo siguiente.]

El modelo "Niño FIRST (PRIMERO por sus siglas en inglés) es una manera de ilustrar el impacto de los estresores en la vida de un padre, sobre la manera en la que él funciona en su rol de padre. En dicho modelo, el rol de un padre es representado por una simple máquina. El padre es la base y su funcionamiento es la palanca. Su funcionamiento apunta hacia su involucramiento, el cual puede abarcar de saludable a no saludable.

Modelo Niño-PRIMERO

Recurso Involucramiento Niño-Padre/Modelo de Estrés Teórico

(Williams, 2016)

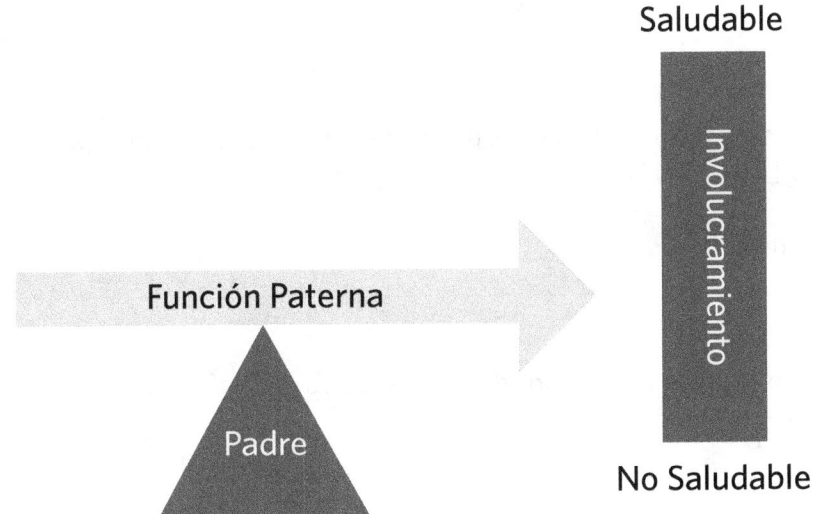

(Williams, 2016)

Preguntas del proceso: ¿Cuántos padres, crees tú, están funcionando bajo un involucramiento saludable?

Los estresores son las presiones diarias que un hombre experimenta, que pueden impactar su funcionamiento, y que resultan de la idea de que hay una carencia de recursos para lidiar con las diferentes intensidades, frecuencias y duraciones de las demandas de la vida.

Modelo Niño-PRIMERA

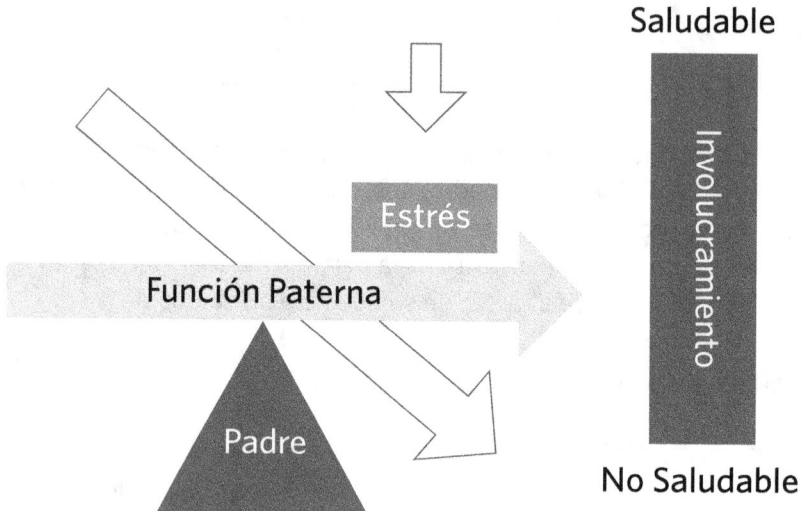

(Williams, 2016)

> **Nota:** Si tienes la posibilidad, escribe las respuestas en un cuadro o pizarra para consultarlas más tarde.]
>
> [Haz las preguntas del proceso.]

Preguntas del proceso: ¿Cuáles son algunos de los estresores que enfrentan los padres, los cuales interfieren en su rol como padre?

VENCIENDO DESAFÍOS

Cuando los padres enfrentan estresores de vida o factores de riesgo ambiental, redirigen su tiempo limitado, atención y recursos para lidiar con esos estresores o riesgos y dejan menos tiempo, atención y recursos para enfocarse en las necesidades del niño. Estos estresores se acumulan uno encima del otro.

Modelo Niño-PRIMERO

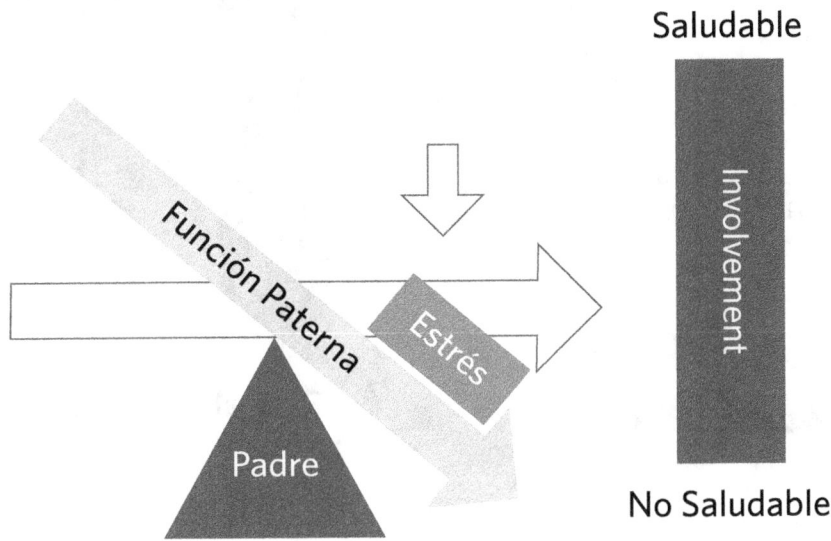

Preguntas del proceso: Proporciona ejemplos de cómo y por qué los estresores pueden distraer la atención de un padre en su paternidad.

Mientras que, en muchos, los estresores no pueden ser eliminados, sí puede haber un contrapeso con los recursos para abordar dichos estresores. Nota que, a veces, los recursos pueden ser un estresor positivo, por un tiempo, pero luego, resultar en un alivio. Uno de los recursos más grandes son otras personas en relaciones estables de apoyo.

Modelo Niño-PRIMERO
Recurso Involucramiento Niño-Padre/Modelo de Estrés Teórica

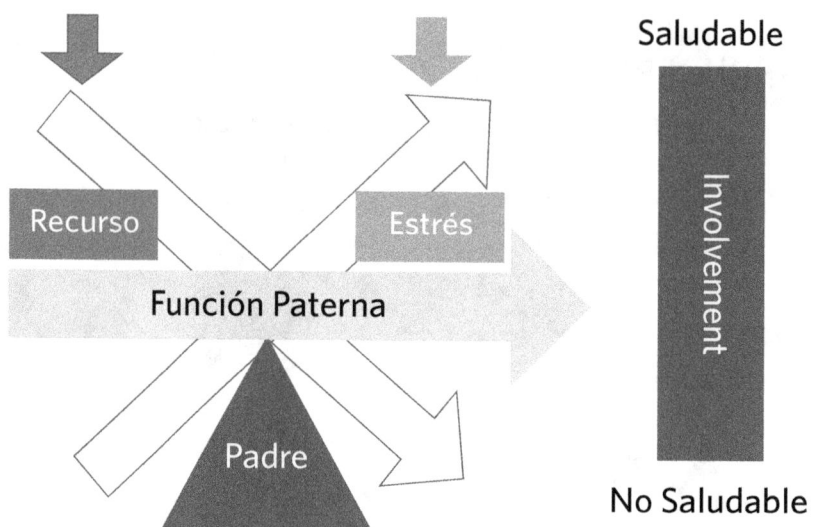

Preguntas del proceso:

1. Une los estresores que mencionamos anteriormente con un recurso que pueda ayudar a eliminar el estrés..
2. ¿Cuáles son maneras en las que los padres pueden ser apoyados para minimizar los estresores?
3. ¿En qué maneras pueden ser apoyados los padres para incrementar sus recursos?
4. ¿Por qué los padres no obtienen la ayuda que necesitan?
5. ¿Cómo podemos ayudar a los padres a llegar a un punto en el que puedan buscar y aceptar ayuda?

Las razones de la ausencia del padre son diversas y complejas. A pesar de la razón de la ausencia o el retiro del capital social, surge la pregunta acerca del impacto que dicho retiro tiene sobre el niño. Los estudios vinculan la ausencia del padre con una serie de consecuencias sociales negativas para los niños.

Todos experimentan estrés en varios grados y de diversas duraciones. Sin embargo, no todos tienen los recursos adecuados para manejar los estresores que enfrentan. Para estas personas, la percepción de los estresores se pueden acumular a una crisis constante que perjudica su desempeño en la vida.

4.1 Los estresores pueden ser una barrera para ser un buen padre, o, en el contexto de los recursos y un apoyo estable, pueden desafiarnos para desarrollar y mejorar nuestro rol como hombre y como padre.

4.2 El problema con el trauma

> trc 165 | trs 45 | tes 15 | página 62
>
> **Anuncia:** *Si tus padres se divorciaron, ¿qué tiene eso que ver con tu riesgo de padecer enfermedades cardíacas en la edad adulta? Si tu padre tuvo problemas con la bebida, ¿eres más propenso a sufrir depresión?*
>
> **Anuncia:** *Ahora, recibirás información que podría salvar o prolongarte la vida. Analizaremos la relación entre las experiencias adversas en la infancia y los resultados negativos para la salud en la edad adulta.*

¿Qué relación tiene, el divorcio de los padres de un niño, con su riesgo de padecer de enfermedades cardiacas de adulto? Si un padre tiene problemas con la bebida, ¿tiene más probabilidad el niño de sufrir de depresión siendo adulto? El vínculo con experiencias adversas en la niñez con consecuencias negativas posteriores, siendo adulto, ha sido señalado como uno de los problemas de salud pública más significativos.

4.2.a Corta como un cuchillo

> [Lee la definición de trauma.]

El trauma se define como una experiencia horrorosa inescapable, o varias, que abruman el abordar y atrapa a la persona en las experiencias de su cuerpo, cerebro y comportamiento, resultando en el sacar a la persona de una relación saludable con ella misma, los niños y otras personas.

> **Anuncia:** *Para comprender mejor el trauma emocional, compararemos las similitudes con el trauma físico.*
>
> **Instruye:** *Escribe las formas en que una herida física es similar a una herida del corazón o emocional.*
>
> [Clave de respuestas]
> 1. Visible
> 2. Doloroso
> 3. No lo ignores
> 4. Limpieza
> 5. Infección
> 6. Medicamentos
> 7. Moscas
> 8. Requiere tiempo
> 9. Cicatriz

Instrucciones: Anota las maneras en las que una herida física es como una herida en el corazón o una herida emocional.

Herida física	Herida del corazón
1	1
2	2
3	3
4	4
5	5

> [Lee lo siguiente y haz las preguntas del proceso.]

Estas son 3 características de personas que han experimentado trauma emocional:

1. Reviven la herida del corazón
2. Evitan aquellas cosas que les recuerda acerca de la herida del corazón
3. Alarmas se disparan constantemente

Preguntas del proceso:

1. ¿Conoces a personas que han experimentado alguna de estas características?
2. ¿Cuál sería un ejemplo de revivir una herida del corazón?
3. ¿Cuál sería un ejemplo de cómo alguien podría evitar aquellos recordatorios de la herida del corazón?
4. ¿Cuál sería un ejemplo de alguien que está viviendo constantemente al borde?
5. ¿Cómo podrían estas tres características del trauma emocional afectarte personalmente?

4.2.a El estudio EIA

> **Anuncia:** *Ahora, vamos a analizar el Estudio de Experiencias Adversas en la Infancia para aprender sobre el impacto del trauma.*
>
> [Lee lo siguiente.]

El estudio EIA. A finales de los años noventa, un epidemiólogo, el Dr. Robert Anda, y el doctor de medicina preventiva, Dr. Vincent Felitti, condujeron un estudio colaborativo entre el Centro de Control y Prevención de Enfermedades y el Centro Kaiser Permanente, para evaluar la asociación entre las experiencias de la infancia y la salud a lo largo de la vida (Felitti et al., 1998). Una Experiencia Infantil Adversa (EIA) es un evento extremadamente estresante que puede alterar el desarrollo cerebral y el sistema inmunológico. El Estudio de Experiencia Infantil Adversa (EEIA) realizó una encuesta a 17,337 adultos de entre 10 tipos de trauma infantil diferentes y encontró asociaciones entre estas experiencias infantiles adversas y consecuencias posteriores de salud y bienestar (Felitti et al., 1998).

Los Resultados. Cinco de los tipos de trauma infantil son personales y otros cinco son disfunciones del hogar. Los hallazgos del Estudio de EIA sugieren que las experiencias de trauma infantil son factores de riesgo mayor para las causas de enfermedad y muerte, así como una pobre calidad de vida. La mayoría (67%) delos encuestados, mayormente blancos, de clase media, educación universitaria y con un buen seguro de salud experimentaron trauma:

- 28 por ciento habían sido abusados físicamente
- 27 por ciento habían experimentado abuso de sustancias en el hogar
- 23 por ciento tenían padres divorciados
- 21 por ciento fueron abusados sexualmente
- 17 por ciento habían tenido familiares con una enfermedad mental en el hogar
- por ciento habían experimentado violencia doméstica
  (Felitti et al., 1998)

Anuncia: *Uno de los dos hallazgos clave de este estudio es lo increíblemente comunes que son las experiencias ACE.*

Experiencias Infantiles Adversas

Abuso	Negligencia	Disfunción en el hogar
Física	Física	Enfermedad mental
Emocional	Emocional	Encarcelamiento
Sexual		Madre maltratada con violencia
		Divorcio
		Abuso de sustancias

Resultados Asociados

Comportamiento				
Falta de actividad física	Fumado	Alcoholismo	Consumo de drogas	Ausencia laboral
Físicos y Mentales				
Obesidad severa	Diabetes	Depresión	Intentos suicidas	ETS
Enfermedad cardiaca	Cáncer	Infarto	Enfermedad Pulmonar Obstructiva Crónica	Huesos quebrados

(Centro de Control y Prevención de Enfermedades, 2016)

4.2.b El Cuestionario de EIA

> **Advierte:** *esta encuesta podría ser un detonante para quienes hayan experimentado traumas, ya sean propios o secundarios. Si lo necesitas, puedes tomarte un descanso del grupo y cuidarte hoy.*
>
> **Anuncia:** *Ahora, personalicemos la puntuación EIA para comprenderla más profundamente, pero no se preocupe, no se le pedirá que comparta el número.*
>
> **Instruye:** *Lee el siguiente cuestionario y responde las preguntas con la mayor sinceridad posible, marcando mentalmente con una "X" la columna "Sí". Por motivos de confidencialidad, no marques tu respuesta en este libro.*
>
> *[Lee las preguntas de la encuesta y da tiempo a los hombres para que piensen en sus respuestas.]*

Esta siguiente actividad nos va a dar la experiencia de repasar el cuestionario de EIA y entender qué estaban respondiendo los participantes para obtener sus puntuaciones. Esto también nos dará un vistazo a nuestra propia niñez. **Por favor, ten en cuenta que no vas a anotar tu puntuación.**

Instrucciones: Lee el siguiente cuestionario y responde las preguntas de la manera más honesta posible, haciendo una nota mental de una "X" en la columna de "Sí". **Por temas de confidencialidad, por favor no marques tu respuesta en este libro.**

Al crecer, durante tus primeros 18 años de vida:	Sí
1. Un padre u otro adulto en tu hogar **a menudo o muy a menudo**… te maldecía, insultada, minimizaba o humillaba. **O**, actuaba de una manera que te hacía tener miedo de ser lastimado físicamente.	
2. Un padre u otro adulto en tu hogar **a menudo o muy a menudo**… te empujaba, asía, cacheteaba o te lanzaba algo. **O**, alguna vez te pegó tan fuerte que te dejó marcas o que fueras lastimado.	
3. **Alguna vez** un adulto u otra persona, al menos 5 años mayor que tú… te tocó o frotó, o te hiciera tocar su cuerpo de cualquier manera sexual. **O**, intentó (o logró) tener interacción oral, anal o vaginal contigo.	
4. Sentiste, **a menudo o muy a menudo**, que… ninguno de tu familia te amaba o que nadie pensara que fueras importante o especial. **O**, tu familia no se cuidaban unos a otros, no se sentían cercanos ni se apoyaban entre sí.	
5. Sentiste, **a menudo o muy a menudo**, que… no tenías suficiente para comer, o que tenías que vestir ropa sucia, o que no tenías a nadie que te protegiera. **O**, tus padres estaban muy borrachos o muy drogados como para cuidar de ti o llevarte al médico si lo necesitabas.	
6. Perdiste, **alguna vez**, a un padre biológico por divorcio, abandono o cualquier otra razón.	
7. Tu madre o madrastra, **a menudo o muy a menudo**, fue empujada, asida, cacheteada o le lanzaban objetos. **O, a veces, a menudo** o muy a menudo, pateada, mordida, golpeada a puño o golpeada con algo duro. **O, alguna vez**, golpeada repetidamente por unos minutos, o amenazada con pistola o cuchillo.	
8. Viviste con alguien que tuviera problemas con la bebida o alcohólico, o que consumía drogas clandestinas.	

9. Algún miembro del hogar sufría de depresión o enfermedad mental, **o**, algún miembro del hogar tuvo algún intento de suicidio	
10. ¿Estuvo en prisión algún miembro del hogar?	
Cantidad total de Sí:	

(Felitti et al., 1998)

> **Instruye:** *Suma el número total de respuestas afirmativas. Esta es tu puntuación EIA. Debe evaluarla personalmente. Por favor, no la compartas con otros.*
>
> [Haz las preguntas del proceso.]

Instrucciones: La cantidad de respuestas de "Sí". Esta es tu puntuación EIA. Es para que lo puedas contemplar personalmente. Por favor no compartas esto con otras personas.

Preguntas del proceso

1. ¿Cómo fue tu experiencia al responder este cuestionario?
2. ¿Qué crees que piensan los clientes al responder este cuestionario?
3. ¿Se sorprendió alguno con los resultados?
4. ¿Cuál debería de ser nuestra respuesta al responder este cuestionario?

> **Nota:** Dado que no utilizamos su puntuación EIA real, se les debe asignar una puntuación aleatoriamente. Puedes pedir a cada persona que tire un dado o realizar el ejercicio a continuación.
>
> **Instruye:** *Elije un número del 1 al 10 y escribe ese número en el cuadro a continuación.*

Instrucciones: Para el siguiente ejercicio, escoge un número entre 1 y 10 y anota ese número en el siguiente cuadro.

[Lee lo siguiente]

"No somos un número, pero un número nos puede dar información para ayudarnos a vencer." (Williams, 2017)

El Impacto Del Trauma

El estudio de estimados nacionales a exposición de eventos traumáticos encontró que el 89.7% de los encuestados había experimentado uno o más eventos traumáticos (Kilpatrick, et al., 2013). Basado en el estudio de la muestra, existe cierta habilidad para generalizar los hallazgos en la población de adultos de los Estados Unidos. Este estudio apoya la idea de que la mayoría de los adultos han experimentado algún tipo de trauma.

> **Anuncia:** *El segundo hallazgo clave es la fuerte relación que existe entre tener ACE y ver la vida acortada por problemas de salud y bienestar.*

El segundo hallazgo principal del estudio de EIA es la fuerte relación entre la cantidad de EIAs y los problemas de salud posteriores que atentan contra la vida. La siguiente tabla ilustra la relación:

1.	0 EIAs	Riesgo normal	Todas las demás puntuaciones comparadas con
2.	1 EIA	2x más probable	Alcohólico, Abuso de sustancias, Suicida
3.	2 EIAs	4x más probable 3x más probable 2x más probable	Alcohólico, Abuso de sustancias Suicida ETS, Deprimido

4.	3 EIAs	7x más probable 5x más probable 3x más probable 2x más probable	Intento suicida Alcohólico, Abuso de sustancias Deprimido Bronquitis crónica o efisema
5.	4 EIAs o más	12x más probable 7x más probable 4x más probable 3x más probable 2x más probable	Intento suicida Alcohólico, Abuso de sustancias Bronquitis crónica o efisema, Deprimido Enfermedad cardíaca, infarto, cáncer, hepatitis, salud pobre, diabetes
7.	6 EIAs o más	Vive 20 años menos	Muerte prematura

(Felitti et al., 1998)

> **Anuncia:** *Ahora, veamos cómo estas experiencias adversas durante la infancia pueden haber moldeado tu papel como padre.*

Las experiencias que te ocurrieron de niño marcan en quien te conviertes siendo padre. Todos los padres, una vez, fueron hijos. Este es un recordatorio de que muchos de los padres que pudieron haber experimentado trauma, una vez fueron hijos. Este es un recordatorio de que muchos padres pudieron haber experimentado traumas, como hijos, que nunca han sido resueltos.

Instrucciones: Usa la siguiente lista de palabras y elige la palabra correcta para cada aseveración.

Lista de palabras: **comportamiento, temperamento, autoconcepto, apego**

1. Los padres que fueron expuestos a trauma, siendo niños, pudieron haber experimentado un ambiente incierto e impredecible que podría contribuir a problemas de _____ que resultan en falta de confianza, aislamiento y problemas relacionales.
2. Los padres que fueron expuestos a trauma, siendo niños, podían haber experimentado un _____ que es inestable, y tienen una baja autoestima, imagen física distorsionada y fuertes sentimientos de vergüenza y culpa.

3. Los padres que fueron expuestos, de niños, a trauma podrían tener problemas para regular su _____, así como con saber lo que quieren y sienten y luchan con comunicarlo con los demás.
4. Los padres que fueron expuestos a trauma, de niños, podrían exhibir un control pobre de _____, y tener comportamientos autodestructivos, agresión y desórdenes de sueño y alimenticios.

4.3 Sanar, Perdonar, Corregir y Avanzar

trc 150 | trs 30 | tes 15 | página 69

Pregunta: ¿Cómo empezamos a superar estas experiencias traumáticas?

Anuncia: Nuestra próxima actividad puede darnos una idea de la respuesta a esta pregunta.

4.3.a Actividad con los dados: 2 pasos al frente, 3 pasos atrás

Actividad Con Los Dados: 1 Pasos Al Frente, 3 Pasos Atrás

Instrucciones: Vas a lanzar 5 dados para igualar los 3 patrones en el orden en el que aparecen. Puedes guardar los números que lanzas y puedes lanzar las veces que lo necesites. Sin embargo, si lanzas cualquier "1" o "6", deber lanzar nuevamente todos los dados. (Williams, 2010)

1. Cuatro del mismo número.
   ejemplo

   | 3 | 3 | 3 | 3 |

2. Cuatro número en secuencia.
ejemplo

| 2 | 3 | 4 | 5 |

3. Dos pares diferentes.
ejemplo

| 2 | 2 | 4 | 4 |

Preguntas del proceso:

1. ¿Qué hizo que esta actividad fuera tan desafiante?
2. ¿Puedes pensar en alguna manera para protegerte en contra de este desafío?
3. ¿Cómo podrían, los desafíos que enfrentan los padres, traerlos de vuelta a un punto en el que sientan que están empezando de nuevo?

4.3.b ¿Sientes ganas de rendirte?

Pregunta: *¿Sentiste ganas de rendirte?*

Anuncia: *Algunos participantes se sintieron tan frustrados con el ejercicio anterior que se dieron por vencidos. Cuando nos esforzamos por avanzar y nos vemos frenados o retrocedidos, podemos darnos por vencidos. La siguiente historia ilustra este punto.*

Desesperanza Aprendida

Seligman y Maier (1967) estaban realizando un estudio con condicionamiento clásico, o, el proceso por el cual los animales o humanos asocian una cosa con la otra. En el caso del experimento de Seligman, él sonaba una campana y luego le daba una pequeña descarga a un perro. Después de varias veces, el perro reaccionaba a la descarga aun antes de que sucediera: tan pronto como el perro escuchara la campana, ya reaccionaba como si hubiera recibido la descarga.

Luego, algo inesperado sucedió. Seligman metió a cada perro en un cajón grande que estaba dividido por la mitad por una pequeña cerca. El perro podía ver y brincarse la cerca, de ser necesario. El suelo, de un lado de la cerca, estaba electrificado, pero no así del otro lado de la cerca. Seligman puso al perro del lado electrificado de la cerca y administró una pequeña descarga. Él esperaba que el perro brincara al lado no electrificado de la cerca.

Al contrario, los perros se acostaron. Era como si hubiesen aprendido, por la primera parte del experimento, de que no había nada que podían hacer para evitar las descargas, así que se rindieron en la segunda parte del experimento. En un experimento de seguimiento, aquellos perros que no habían sido expuestos a las descargas previas, rápidamente, brincaron la cerca para escapar de las descargas.

Seligman describió su condición como desesperanza aprendida, o, no intentar escapar de una situación negativa, porque el pasado te ha enseñado de que no tienes esperanza.

Debemos de considerar las experiencias por las que atraviesan las personas y aprender cómo estas experiencias las forman, así como a sus respuestas. Algunas personas han aprendido a tener desesperanza, y eso no es algo fácil de cambiar. A continuación, vamos a ver cómo un padre herido y encarcelado pueden ser barreras para la paternidad.

> **Anuncia:** *El padre y la madre biológicos son potencialmente las dos personas más influyentes en la vida de su hijo. Ambos padres aportan un significado emocional que puede beneficiar o perjudicar profundamente a su hijo. Esto ocurre a veces, independientemente de si están presentes o ausentes, si son buenos o malos. La influencia paterna y materna se da biológicamente a través de la genética, biosocialmente a través de la epigenética o experiencias vitales que pueden expresar o suprimir genes que pueden heredarse a sus hijos, y socialmente a través de las experiencias sociales.*

La herida del padre

En este curso, hemos repasado la historia de Amós acerca de las heridas de un padre ausente, y nos hemos concientizado acerca de la cantidad de niños que están creciendo con su padre biológico ausente. La herida emocional o el trauma que un padre ausente puede infringir sobre sus hijos puede causar problemas en la relación futura de los hijos con sus propios hijos. Existen tres experiencias relacionadas, como hijo, las cuales, juntas o por separado, pueden convertirse en un reto para el rol paterno de un hombre. Esas experiencias son: necesitar algo de tu padre que te fue negado, carecer de la presencia de un modelo de rol paterno saludable y ser víctima de abuso por parte de tu padre.

Cuando eres niño, es probable que no tengas los recursos o la capacidad para resolver las heridas o el trauma. Aun más, al crecer como hombre en la cultura estadounidense, somos enseñados a manejar nuestros propios problemas, por lo que aprendemos a suprimir nuestros problemas. Muchos hombres se sienten incómodos al llorar, en nuestra cultura. Aunque todos digan que está bien que los hombres lloren, a menudo no lo hacemos lo suficiente, sino que aprendemos a suprimir nuestras emociones. Generalmente estamos bien si nadie saca o habla acerca del problema. Como resultado, muchos hombres todavía tienen asuntos sin resolver con sus padres. Uno de los caminos más efectivos de sanidad para estos hombres es el proceso del perdón.

Preguntas del proceso:

1. ¿Cómo podría, una herida de padre, ser un factor en la misma ausencia como padre de ese hombre?
2. ¿Cómo podría alguien identificar este mismo problema en su propia vida?
3. ¿Cómo podría, una persona, obtener ayuda?
4. ¿Cómo podría, la información en esta sección, ayudar en tu trabajo con las familias?
5. Aseveración del proceso: El trauma es el enemigo invisible que podría sabotear el éxito del padre, a menos, que sea reconocido y elaborado.

> **Anuncia:** Cuando un niño es separado de su familia y colocado en el sistema de acogida, por muy buenas intenciones que tengan los cuidadores, es una experiencia traumática. Para muchos hombres que se ven separados de sus hijos por divorcio, una relación hostil o encarcelamiento, puede ser traumático para los padres.

Encarcelamiento

En el 2008, más de la mitad (1.2 milliones) de las 2.3 millones de personas que fueron encarceladas en las prisiones o cárceles de los Estados Unidos, fueron padres a los 18 años o antes (The Pew Charitable Trusts, 2010). 9 de cada 10 padres encarcelados eran padres de aproximadamente 2.7 millones de niños quienes tenían padres en prisión en el 2008 (The Pew Charitable Trusts). Los padres encarcelados lidian con los problemas de separación y pérdida de sus hijos; las visitas y otros contactos les ayudan a lidiar con estos problemas y a desarrollar y mantener su rol como padres (Lincroft, 2011). Estudios han demostrado que, si los padres encarcelados mantienen contacto con sus hijos, tienen menos probabilidad de reincidir (Lincroft). Las visitas regulares, de un padre encarcelado, con su hijo, son un importante primer paso en el proceso de reunificación de la familia.

Los niños también se benefician del contacto al poder procesar la reacción emocional de la separación, para tener un mayor entendimiento de la circunstancia del padre, y ser asegurados de que no son los culpables y que su padre estará seguro (Lincroft). Los estudios señalan que cuando los padres son encarcelados, sus hijos podrían reflejar un aumento en la externalización de problemas de comportamiento que son dirigidos hacia los demás, tales como agresión, violencia o delincuencia. Podría, también, haber un incremento internalizando problemas de comportamiento que son dirigidos hacia dentro, tales como depresión, ansiedad y dificultad para prestar atención. (Johnson, 2009; Wakefield, 2011). Otro estudio reportó una asociación Fuerte entre el encarcelamiento paterno y el aumento en problemas mentales y físicos en jóvenes adultos, incluyendo depresión, estrés post traumático, ansiedad, colesterol alto, asma y problemas en general (Lee, Fang, & Luo, 2013).

Preguntas del proceso

1. ¿Por qué es tan importante estar en contacto con tus hijos aun cuando se está en prisión?
2. ¿Qué cosas puedes hacer para mantenerte en contacto?
3. ¿Cómo puede mejorar un padre su situación mientras que está en prisión?

4.3.c Perdonar y Avanzar

> **Pregunta:** *¿Cómo sé si necesito perdonar a mi padre?*
>
> **Anuncia:** *Podemos realizar una encuesta no científica sobre el historial paterno que puede brindar información sobre podrías tener una herida paterna.*
>
> [Tómate el tiempo para leer las instrucciones y asegúrate de que todos las comprendan.]

Cuestionario sobre la historia paterna

Instrucciones: Evalúa cada enunciado marcando un número que refleje tu respuesta donde 5 signifique Muy de Acuerdo y 1 significa Muy en Desacuerdo. Sigue las instrucciones para determinar tu puntuación total y lo que sugiere tu puntuación.

Grupo 1					
1. Mi padre me apoyaba.	1	2	3	4	5
2. Era fácil acercarme a mi padre.	1	2	3	4	5
3. De niño, yo sabía lo que mi padre sentía con respecto a mí.	1	2	3	4	5
4. Mi padre regularmente me mostraba su afecto.	1	2	3	4	5
5. Mi padre fue un buen ejemplo.	1	2	3	4	5
Total					
Grupo 2					
1. Mi padre a menudo usaba alcohol y drogas.	1	2	3	4	5
2. Mi padre estuvo mayormente ausente durante mi niñez.	1	2	3	4	5
3. Mi padre abusó de mí o de otro familiar.	1	2	3	4	5
4. Mi padre fue infiel sexualmente hacia mi mamá.	1	2	3	4	5
5. Mi padre fue condenado por un crimen o ha cometido actos ilegales.	1	2	3	4	5
Total					
Group 3					
1. A menudo leo literatura para padres.	1	2	3	4	5
2. Tengo un amigo cercano que me apoya.	1	2	3	4	5
3. Estoy involucrado regularmente con un grupo pequeño.	1	2	3	4	5
4. Me mantengo en contacto con mis hijos frecuentemente.	1	2	3	4	5
5. Estoy buscando maneras para mejorar/fortalecer mi paternidad.	1	2	3	4	5
Total					

(Williams, 2010)

(Grupo 1 Total) _____ restado del
(Grupo 2 Total) _____

Sub-Total _____ sumado a

(Group 3 Total) _____

Puntuación total _____

Rango de resultados -15 a +45

Fuerte herencia	34 – 45
Fundamento sólido	33 – 19
Posición en desafío	18 – 7
Corazón herido	-15 – 6

Preguntas del proceso

1. ¿Cómo podría tu propia historia con tu padre, o el padre de tus hijos, influir en tus actitudes y comportamientos hacia otros padres?
2. ¿Cuáles son maneras en que puedas evitar que esto suceda?

> **Pregunta:** *¿Qué es el perdón y qué no es??*
>
> **Anuncia:** *Uno de los desafíos del perdón es que un malentendido sobre el mismo hace que sea más difícil, si no imposible, darlo.*
>
> [Da tiempo para leer las instrucciones y asegúrate de que todos las comprendan.]

Instrucciones: En la primera columna, anota lo que no es el perdón. En la Segunda columna, anota lo que es sí es el perdón.

Lo que no es el perdón:	Lo que sí es el perdón:

El perdón es un proceso y una decisión que tienes el poder para tomar. Tú le puedes dar perdón a alguien que no lo merezca, o pedirlo y liberarte de la ofensa. Esto te puede iniciar en el camino hacia la sanidad.

Anuncia: *Escribir una carta de perdón puede ser útil para avanzar en el proceso de perdón. A través de ella, tienes la oportunidad, en un entorno seguro, de explorar el dolor, hacer preguntas, compartir tu tristeza y prepararte para perdonar.*

Anuncia: *Recuerda que el perdón NO se trata de liberar a alguien de las consecuencias de sus acciones, restaurar la confianza, decir que estaba bien ofender, esperar a que el dolor se detenga o ser tacaño.*

Carta sobre el perdón

Instrucciones: Escribe una carta de perdón

1. Ponle nombre a la herida
2. Anota tu peor dolor
3. Compártela con alguien
4. Destruye la carta

4.4 El Plan Papá

---

trc 135 | tsc 15 | tes 15 | página 75

Anuncia: *Esta sección, es una de las partes más importantes del curso, done pondrá su conocimiento en acción.*

Instruye: *Responde las siguientes preguntas para crear tu plan de papá para sanar tu pasado a través del perdón y disminuir tu estrés.*

Destreza paterna: Ser un mejor padre al sanar mis heridas a través del pedrón, bajando el estrés y avanzando.

Recuerda usar metas SMART para planificar darle un giro a tu vida.

Instrucciones: Responde las siguientes preguntas para crear tu plan papá y ser un mejor padre.

1. ¿Cuál es mi meta SMART (eSpecífica, Medible, Alcanzable, Realista, aTempada) para aumentar en mi conciencia cultural?
2. ¿Qué puedo hacer todos los días de esta semana para tener una mayor conciencia cultura?
3. ¿Cuándo y a dónde voy a hacer esto?
4. ¿A quién le voy a rendir cuentas?

5.0 Siendo Padre

trc 120 | trs 60 | tes 15 | página 76

[Lee lo siguiente]

META

Para ser un mejor padre
Me voy a humillar y buscar aprender
Maneras para mejorar como padre, padre en equipo y ciudadano.
Y que arda esta pasión de ser mejor

OBJETIVOS

1. Mejorar destrezas relacionales
2. Mejorar destrezas de ser padre en equipo
3. Mejorar destrezas de padre

Para ser el mejor papá que podamos ser, necesitamos levantarnos en contra de los mitos que se puedan interponer en el camino de nuestro crecimiento y desarrollo como padres. Un mito es que somos una isla y lo podemos hacer todo nosotros solos. Ningún hombre es una isla; fuimos creados para las relaciones y es en el contexto de las relaciones que crecemos y nos desarrollamos. Necesitamos de otros y los otros nos necesitan a nosotros.

Otro mito es que lo sabemos todo acerca de ser padres. No existen los padres perfectos; todos tenemos cosas que aprender. Aunque Ser Padres es un programa sólido, está apenas raspando la superficie de todo lo que hay disponible para aprender acerca de esta travesía de toda una vida en cuanto a la paternidad. La mejor manera de tomar ventaja de todo esto es ser humilde y abierto a aprender de otros en sus éxitos y fracasos, de pequeños a viejos, extranjeros y familia, y la lista continua. Aun podemos aprender de nuestros hijos. ¿Estás listo para ser mejor?

5.1 Mejorar Destrezas Relacionales

> **Anuncia:** *El aprender a relacionarte con los demás empieza en nuestra familia. A continuación, vamos a reflexionar sobre la vida en nuestra familia: ¿qué no funcionó y que necesita ser mejorado?*
>
> [Lee lo siguiente, da instrucciones sobre la actividad y comparte las preguntas del proceso]

5.1.a El Árbol Familiar

Un genograma es una representación gráfica de las relaciones familiares de una persona. En este ejercicio, vamos a desarrollar un genograma sencillo para escribir acerca del padre con el que pasaste la mayor parte del tiempo de niño.

SIENDO PADRE

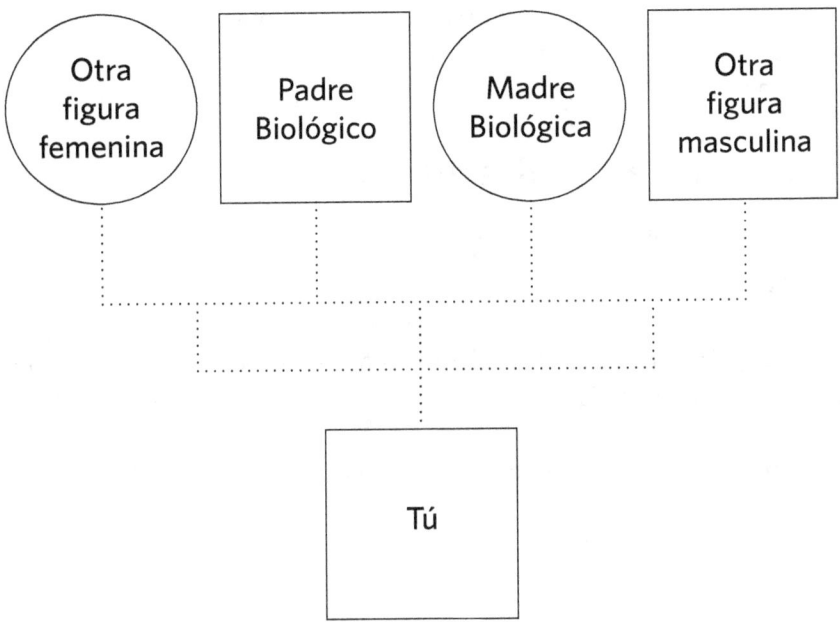

Instrucciones: Completa las siguientes acciones:.

1. Si los conoces, anota, en el cuadro de arriba, el nombre de tu madre y tu padre biológicos.
2. Dibuja por encima de las líneas punteadas para conectar entre sí a los dos padres con los que pasaste la mayor parte del tiempo (ya sea con ambos padres biológicos o con un padre y su pareja).
3. Si uno de tus "padres" era la pareja de un padre biológico, anota ese nombre encima de la figura.
4. Dibuja encima de las líneas punteadas para conectar a ambos padres contigo.

Preguntas del proceso:

1. ¿Tus padres estaban casados? Si no, ¿te molestó en algo?
2. Describe cómo fue tu relación con tu padre y/o con tu otra figura masculina.
3. Describe cómo fue tu relación con tu madre o con tu otra figura femenina.
4. ¿Cómo te impactó la relación de tus padres o la relación con las parejas de tus padres?

5. Describe las cosas que te gustaron acerca de tu familia.
6. Describe las cosas que no te gustaron acerca de tu familia.
7. ¿Qué cambiarías de tu familia?

5.1.b Necesidades familiares

Pregunta: *¿Cuáles son las necesidades más básicas de una familia?*

Anuncia: *Todos los miembros de la familia necesitan ser conocidos, tener un fuerte sentido de pertenencia y que sus necesidades sean alcanzadas. Esto te incluye a ti y a los niños.*

[Lee lo siguiente, da las instrucciones y realiza la actividad.]

Ser conocido

Usando una perspectiva cognitiva y de comportamiento para la Jerarquía de Necesidades de Maslow, Ryan y Deci proponen que hay 3 necesidades psicológicas básicas e innatas, descritas como competencia, familiaridad y autonomía. A partir del estudio de esta teoría, el Dr. Henriques sugiere que uno puede ir más allá e identificar la necesidad que tiene un individuo de ser conocido y valorado por él o ella misma, y su importancia para los demás.

El ser "conocido" significa que el individuo es capaz de compartir sus experiencias plenas, pensamientos privados e imagen pública con otras personas. Puede ser considerado como la variable más importante en el desarrollo humano en términos de las consecuencias en cuanto a la estructura de carácter y bienestar.

Instrucciones: ¿Qué sabes acerca de tus hijos? A continuación hay unas preguntas que necesitamos hacerle a nuestros hijos regularmente porque las respuestas pueden cambiar a menudo. Anota tu respuesta en el espacio provisto en cada pregunta. Como una asignación para llevar a casa, averigua las respuestas de tus hijos para ver en cuántas acertaste.

Cuestionario de conciencia

1. ¿Cuál es el color favorito de tu hijo?

Tu respuesta	La respuesta de tu hijo

2. ¿Quién es el mejor amigo de tu hijo?

Tu respuesta	La respuesta de tu hijo

3. ¿Cuál es el juego favorito de tu hijo?

Tu respuesta	La respuesta de tu hijo

4. ¿Cuál es la película o programa de televisión favorito de tu hijo?

Tu respuesta	La respuesta de tu hijo

5. ¿Cuál es la comida, bebida, postre y dulce favorito de tu hijo?

Tu respuesta	La respuesta de tu hijo

6. ¿Cuál es la canción favorita de tu hijo?

Tu respuesta	La respuesta de tu hijo

7. ¿Cuál es el libro favorito de tu hijo?

Tu respuesta	La respuesta de tu hijo

8. ¿Qué quiere ser tu hijo cuando sea grande?

Tu respuesta	La respuesta de tu hijo

Tu hijo quiere ser conocido por ti, así que estudia a tu hijo.

Pertenecer

Otra necesidad familiar principal es la necesidad que tenemos de pertenecer. La teoría del apego explora el profundo y duradero vínculo que conecta a una persona con otra a lo largo del tiempo y el espacio. (Bowlby, 1969).

Nacemos dependientes de amor y de cuidado, y a lo largo de la vida tenemos una necesidad importante por los demás. Los "demás" se refiere a aquellas personas por las que el individuo siente afecto y generalmente incluye: 1) familia de origen, 2) familia actual, 3) pareja romántica/intereses, 4) amigos cercanos, 5) pares y 6) identidades sociales/grupos de afiliación.

> **Pregunta del proceso:** ¿Cómo le puedes demostrar a tus hijos que ellos tienen un lugar de pertenencia contigo, especialmente si tú no vives en el hogar de ellos?

Plenitud

El ser valorado en una familia significa que uno es premiado, admirado y/o amado, y que los intereses propios son respetados y honrados. Fluye naturalmente que a los miembros de la familia se les provea cuidado y la satisfacción de sus necesidades.

En el modelo de funcionamiento familiar de McMasters, Epstein, Bishop y Baldwin (1984), comparten que las presunciones enunciadas del modelo sobre la función primaria de la familia es proveer una plataforma para el desarrollo y mantenimiento de los miembros de la familia en un nivel biológico, social y psicológico. El funcionamiento de la familia está agrupado en 3 áreas: tareas básicas, tareas de desarrollo y tareas de crisis.

El ser pleno es tener las tres tareas de la familia satisfechas. Las tareas básicas incluyen que al miembro de la familia se le provea elementos tale como comida, vestido, dinero, transporte y vivienda. Las tareas de desarrollo incluyen promover un crecimiento saludable a lo largo de todo el ciclo vital de desarrollo. Y las tareas de crisis incluyen el manejo de las crisis dentro de la familia debido a factores externos e internos.

La paternidad se trata acerca de proveer para las necesidades de nuestros hijos a nivel físico, emocional, social y espiritual.

5.1.c Hablar

Anuncia: *Una de las dos habilidades fundamentales que nos ayudan a satisfacer las necesidades de los niños es ser conocidos, de pertenecer y de sentirse realizados es en el hablar. Comencemos repasando la expresión oral y las palabras para determinar si se aplican hoy en día.*

[Comparte las instrucciones.]
[Claves de respuesta: Alguien puede tener un razonamiento diferente.]
1. Falso
2. Verdadero
3. Verdadero
4. Falso
5. Verdadero

Instrucciones: Revisa los siguientes enunciados acerca del discurso y determina si mantienen una verdad en la actualidad.

1. "Palos y piedras podrán quebrar mis huesos, pero las palabras nunca me harán daño."
2. "Sé lento para hablar y pronto para escuchar."
3. "Ninguna otra palabra te podrá ayudar más o herir más que las palabras habladas por tus padres biológicos."
4. "Los niños deben ser vistos, mas no escuchados."
5. "La muerte y la vida están en el poder de la lengua."
6. "Los labios sueltos hunden barcos."
7. "De la abundancia del corazón habla la boca."

Pregunta: ¿Qué cosas debemos saber acerca del habla?

Instrucciones: *Lee las siguientes afirmaciones y determina qué palabra del banco de palabras encaja mejor en el espacio en blanco.*

[Clave de respuestas]
1. **Pienses**
2. **Conocido**
3. **Conocer**
4. **Edificar**
5. **Culpar y criticar**
6. **Lenguaje corporal**
7. **Abiertas** - a menudo comienzan con por qué, cómo, qué y quién, tal vez, solicitar, describirme..., cuéntame sobre..., ¿qué piensas sobre...? Esto puede ayudar a tu hijo a evaluar las opciones; asegúrate de evitar juzgar.

Instrucciones: Lee los siguientes enunciados y determina cuál palabra en la lista completa mejor el espacio en blanco.

1. Es importante que tú _____ lo que quieres antes de hablar.
2. Una meta de hablar es ser _____, quien eres, y lo que quieres y necesitas.

3. Otra meta de hablar es _____ a otros, quienes son y lo que quieren y necesitan.
4. Otra razón importante por la que hablamos es para e_____ a otros y no destruirlos.
5. Debemos evitar _____ y _____ a otros.
6. Asegúrate que lo que dices se alinea con tu _____.
7. Las preguntas _____ invitan a una respuesta plena y significativa de las ideas y sentimientos de tus hijos que te ayudarán a conocerlos mejor.

Preguntas del proceso:

1. ¿Te hablaron tus padres de manera despectiva?
2. ¿Alguien habló cosas en tu vida que te edificaran?
3. ¿Qué palabras de hablaron en tu pasado que aun te afectan al día de hoy?
4. ¿Qué hay de malo en este enunciado: "Simplemente no entiendo a mi hijo", él no me escucha"?

5.1.d Escuchar

"El escuchar los pensamientos y sentimientos de una persona afirma su valor propio." - grw

> **Anuncia:** La escucha es otra habilidad fundamental que nos ayuda a satisfacer las necesidades de los niños de ser conocidos, de pertenecer y de sentirse realizados. Repasemos algunos aspectos sobre la escucha.

Cuando ESCUCHAS, debes callar primero, luego deber decir lo que escuchaste decir a la otra persona. La meta de escuchar es entender a la otra persona.

> **Anuncia:** ¿Qué importancia tienen las palabras, los sonidos y el lenguaje corporal en la comunicación?
>
> [Da las instrucciones y haz la pregunta del proceso.]

Instrucciones: La comunicación se puede dividir en tres componentes que la afectan. Escribe en qué porcentaje de la comunicación están las palabras, sonidos y lenguaje corporal.

Palabras	Sonidos	Lenguaje Corporal	Total
%	%	%	100%

Pregunta del proceso: ¿Qué te dice esto acerca de la comunicación?

> **Pregunta:** *¿Qué significa escuchar?*
>
> **Anuncia:** *En el siguiente ejercicio, vamos a echar un vistazo a la profundidad de la escucha.*
>
> [Comparte las instrucciones y haz las preguntas del proceso.]

Instrucciones: La comunicación se puede dividir en tres componentes que la afectan. Escribe en qué porcentaje de la comunicación están las palabras, sonidos y lenguaje corporal.

Ting (palabra tradicional china para "escuchar")
1. Escuchar (el doble de lo que hablas)
2. Pensar (estar en el momento)
3. Estar presente (estar ahí)
4. Ver (cara a cara)
5. Enfocar (no estar distraído con otras cosas)
6. Sentir (empatía)

Una escucha reflexiva involucra prestar una atención respetuosa al contenido y los sentimientos de tu hijo, dejarles saber que fue escuchado y entendido al tú compartir en respuesta.

Las destrezas del reflejo involucran lo siguiente:

1. Gestos no verbales y enunciados breves de una o dos palabras de que estás escuchando.
2. Reflejar, en tus propias palabras, el contenido de la esencia de lo que se dijo.
3. Reflejar, en tus propias palabras, los sentimientos de los demás.

Instrucciones: En el primer escenario, el facilitador va a tomar el rol del niño, el que habla. Y el padre, quien usa una escucha reflexiva en el primer escenario. En el segundo escenario, se pondrán en parejas y tomarán turnos siendo padre e hijo, para que así puedan practicar la escucha reflexiva.

1. Niño: "Siempre peleas con mamá. ¿Por qué no te puedes llevar bien con ella? Cuando los dos levantan la voz y se gritan y dicen cosas feas, me da miedo de que vaya a pasar algo malo. Los amo a los dos. Quisiera que dejaran de pelear."
2. Niño: "Me prometiste que me ibas a pasar a buscar ayer y no llegaste. Estuve espere y espere y nunca viniste. Lloré toda la tarde. Mamá dijo que algo tuvo que haber sucedido. Pero, ¿por qué ni siquiera llamaste? Ya no te creo más. N siquiera puedes hacer lo que dijiste que harías."

Pregunta del proceso: ¿Cómo piensas que puede ser de ayuda, para tu relación con tu hijo y los demás, la escucha reflexiva?

5.2 Paternidad en equipo

> trc 105 | trs 45 | tes 15 | página 83
>
> [Lee lo siguiente.]

La paternidad en equipo requiere que los padres trabajan juntos mientras que activamente hacen contribuciones individuales en beneficio de los niños. La paternidad en equipo dentro de la familia es crucial para el éxito de los niños y la familia, aun cuando los padres no viven juntos.

5.2.a Escultura Familiar

> **Nota:** Para este ejercicio, coloca tres sillas al frente del salón. Las mejores sillas son las apilables. Recuerda agradecer y animar a quienes se ofrecen como voluntarios.
>
> **Instruye:** *Vamos a hacer una escultura familiar con tres sillas. Los voluntarios tendrán la oportunidad de organizar las sillas para representar una familia saludable. Las organizarán, identificarán cuál representa al padre, la madre y el hijo, y luego explicarán cómo la disposición representa una familia saludable.*

Instrucciones: Vamos a hacer una escultura familiar utilizando tres sillas. Los voluntarios tendrán la oportunidad de arreglar las sillas de una manera en que represente una familia saludable. Van a acomodar las sillas, identificar cuál silla representa al padre, la madre y el hijo, y luego verán cómo el acomodo refleja una familia saludable.

> **Nota:** Comparte el arreglo final que representa una familia saludable.
>
> [Coloca dos sillas una al lado de la otra. Apila la tercera silla sobre las dos.]
>
> **Anuncia:** *El arreglo muestra al padre y a la madre unidos en una relación de por vida, que es la base de la familia. Juntos, apoyan con cariño al niño. Este puede aprender de ejemplos de cómo un hombre trata a una mujer y cómo una mujer trata a un hombre. El niño no es el centro de la relación.*
>
> **Resumen:** *Este ejercicio sugiere el beneficio de la familia para el niño. Tanto el padre como la madre son fundamentales para él. Es mejor que el niño tenga acceso a las contribuciones únicas de la madre y el padre.*

5.2.b Superando el drama

> **Anuncia:** *La cooperación es la clave para superar el drama.*
>
> [Lee lo siguiente.]

¿Hacia dónde debes enfocarte cuando tienes una familia? Deberías COOPERAR, esto quiere decir que ambos tratan de encontrar una respuesta o solución que funcione para los dos. Estos son los pasos para la cooperación:

1. Tomen turnos para escuchar y hablar
2. Ofrezcan intercambios
3. Detente y cálmate si te sientes enojado

Resolviendo Problemas

Luego de tener un tiempo agendado para involucrar a todos para unirse y trabajar en resolver el problema, sería una buena idea hacer un plan. Los siguientes pasos pueden ayudar a hacer más fácil el proceso:

1. Ponle nombre al problema.
2. Escribe y conversa acerca de los resultados que quieres. Asegúrate de ser lo más específico que puedas.
3. Enumera todas las posibles soluciones. Escucha las ideas de todos y no tildes ninguna idea como tonta o imposible.
4. Repasen la lista juntos. Repasa la lista con todos los que necesiten resolver el problema.
5. Cada persona debería elegir al menos 2 soluciones que esté dispuesta a ejecutar.
6. Decidan sobre la solución.
7. de que el grupo haya decidido sobre una solución, decidan cuáles tareas se deben realizar y quién las debe hacer. Planeen reunirse para evaluar el progreso de la solución.

5.2.c Consejos para la paternidad en equipo

> **Anuncia:** *A continuación, presentamos algunos consejos prácticos de crianza compartida que pueden hacer que la cooperación sea más fácil.*
>
> [Lee lo siguiente.]

1. Respétala y practicar tratarle de la misma manera en que tú quieres ser tratado.
2. Practica tratar de ver las cosas desde el punto de vista de tu hijo y del de la madre de tu hijo.
3. Comuníquense directamente y nunca a través de los hijos.
4. Comparte información con tu pareja.
5. Apoya el rol de tu compañera en paternidad para con tus hijos y con tus hijos.
6. Reconoce las barreras del hogar de ella y ten cuidado con los consejos y no critiques.
7. Refresca y trabaja en ti mismo cuando no tienes a tus hijos contigo.

Instrucciones: De esta sección, describe en aquello que puedes trabajar para mejorar tu paternidad conjunta (en equipo), ya sea que vivas con la madre de tus hijos o no.

_____

_____

_____

_____

5.3 Destrezas de mejor padre

> trc 90 | trs 30 | tes 15 | página 85
>
> **Anuncia:** *Hay tres habilidades paternales sencillas que pueden fortalecer tu eficacia como padre: invertir tu tiempo, liderar y ser un buen ejemplo, y cuidar de tu hijo.*
>
> **Anuncia:** *Ahora, veremos más de cerca cada habilidad.*
>
> [Lee/Resume lo siguiente.]

5.3.a Invertir tu tiempo

¿Cómo se ve un padre saludable? Hay 3 aspectos importantes de las principales destrezas de paternidad:

1. El padre (y la madre) están a cargo de la familia.
2. padre le da espacio a todos (incluyéndose a sí mismo) para estar cerca o aparte.
3. El padre es flexible cuando de cambios se trata.

Los 2 roles importantes del padre son liderar y modelar. Para ser exitosos en la vida, los niños deben aprender a sentirse seguros de sí mismos y a llevarse bien con las demás personas. El padre necesita comprometerse a ayudarle a los niños a desarrollar un sentido positivo de sí mismos y a desarrollar la habilidad para hacer y mantener amistades. Una de las maneras en las que actúa como un líder es haciendo reglas para la familia.

5.3.b Liderando y Modelando

Las reglas sin una relación llevan a rebelión. A continuación, presentamos 3 guías para hacer reglas:

1. Haz reglas para lo que tú quieres, no lo que no quieres.
2. Haz reglas con resultados que puedas ver o medir.

3. Verbaliza la regla en un enunciado y sé específico.

Tu familia y tú han atravesado muchos cambios. Los cambios ocurren en lo que la gente se vuelve mayor, entran a su propio apartamento, se casan, consiguen trabajos nuevos, tienen hijos y mueren. El cambio puede ser emocionante, pero también puede ser difícil. A continuación, hay algunas reglas generales para el cambio:

1. **Espera el cambio.** Recuerda que los cambios son normales. Todas las familias atraviesan cambios–algunos ordinarios y otros no tan ordinarios.
2. **El estrés es una señal de que el cambio es necesario.** ¿Sabes cómo identificar cuando te estás sintiendo estresado? Podría ser que te sientas preocupado o molesto, o podrías estar enojado o enfermo. Cuando te sientes así, es probable que necesites hacer algún cambio en alguna área de tu vida; tal vez encontrar una manera nueva de hacer algo.
3. **Espera sentir resistencia en otras personas y en tu mismo.** El cambio es difícil. Las personas generalmente tratan de continuar sin hacer ningún cambio durante el mayor tiempo posible. Solo recuerda que el cambio es normal, y que también es normal no querer cambiar. Afortunadamente, esto va a ayudar a reducir la cantidad de tiempo que gastas luchando en contra del cambio.
4. **Da un paso a la vez. El cambio lleva tiempo.** Es más fácil sobrellevarlo si eres capaz de enfocarte en un paso pequeño a la vez.
5. **Pide ayuda a alguien si estás atascado.** Familia, amigos, maestros y líderes religiosos son buenas fuentes de ayuda.
6. **Anticipa aquellas áreas donde los niños necesitan una regla y hazla.** Cuando llegan las visitas, la televisión debe estar apagada.
7. **Busca la opinión de tus hijos con respecto a aquellas reglas que los afectan a ellos, especialmente de los mayores.** Luego, tomas la decisión final. Tú quieres conducir el auto a un baile y nosotros estamos preocupados acerca de lo que estás enseñando o que puedas tener un accidente.
8. **"Cuéntanos por qué sientes que estás preparado."**
9. **Solo haz las reglas que estás preparado a hacer cumplir.**
10. **Considera tu propia comodidad, así como las necesidades de tus hijos al decidir las reglas.** Por ejemplo, "Tú quieres estar levantado hasta las 10 p.m., pero tu madre y yo necesitamos un tiempo para nosotros. La hora de acostarse es a las 9 p.m."
11. **Espera resistencia.** Siéntete en libertad de cambiar cualquier regla que haya hecho que ya no te obtiene lo que quieres. Por ejemplo, "Ahora que es verano, está bien que llegues a casa hasta las 6 p.m. en lugar de las 4 p.m."

Reunión Familiar

Una buena manera en la que las familias resuelven sus problemas y averiguar qué está pasando entre ellos es teniendo una reunión familiar. Lo siguiente debe ocurrir en una reunión familiar:

- Tener una reunión por semana.
- Dicha reunión no debe durar más de una hora.
- No más de una persona debe hablar a la vez.
- No se debe hacer burlas de ninguno o llamarse apodos entre sí.
- Cada uno va a tener su turno para hablar.
- Cada uno deberá decir una cosa que está saliendo bien.
- Cualquier problema debe ser identificado.
- Elijan un problema por resolver.
- Mantente enfocado en lo que quieren los demás y cómo conseguirlo, y no en las quejas.
- Planifica una actividad divertida para la próxima semana.

Nuestro grupo, también, puede tener "reuniones familiares" para ayudarnos a tomar decisiones, planificar actividades y resolver problemas. En nuestra primera reunión, vamos a trabajar juntos para decidir qué tipo de reglas queremos crear para lograr la participación en el grupo. Tratemos de hacer reglas para lo que queremos, y no para lo que no queremos. También tenemos que decidir las consecuencias, tanto buenas como malas.

5.3.c Cuidando de tu hijo

Anuncia: *En la película John Q, durante los primeros 15 minutos, vemos a una familia que se apoya en el cariño. Los vemos afrontar juntos las dificultades, pero juntos las superan. Comen juntos, van a la escuela en bicicleta, van a la iglesia y sus hijos juegan juntos. A continuación, haremos una sopa de letras con los comportamientos cariñosos de la película.*

[Lee las instrucciones y haz el ejercicio..]

Instrucciones: A continuación, encuentra las palabras que describen el nutrir.

Sopa de letras: Nutrir

A	T	R	I	S	A	P	L	S	F	H	R	A
K	D	S	V	H	J	E	P	O	F	I	D	C
U	E	E	R	M	G	F	A	U	E	T	Y	H
U	N	F	E	F	D	T	U	G	Ñ	S	U	I
A	M	R	E	S	D	N	G	H	F	O	S	S
Y	E	U	D	R	A	M	A	R	D	E	S	T
T	N	Y	U	F	S	R	D	T	J	E	B	E
S	D	R	T	F	E	D	G	R	H	J	R	E
H	A	B	T	A	B	R	A	Z	O	R	S	G
G	R	E	F	S	R	T	H	J	A	S	U	L
P	R	S	U	D	R	T	J	U	G	A	R	T
H	T	O	R	E	N	B	C	M	S	R	F	A
T	A	R	F	A	H	C	U	I	D	A	R	U
U	A	Y	B	A	N	F	B	E	Y	M	S	F

Lista de palabras: Abrazo, beso, puños, enmendar, amar, cuidar, chiste, risa, jugar

Sé afectuoso, especialmente en lo que van creciendo. Los niños necesitan amor, pero no solo de palabra.

Los niños sí entienden un toque de amor. El abrazarlos, apapacharlos y besarlos los hace sentirse amados. Es una manera básica en la que los humanos comunican su amor, pero algunos padres se sienten extraños mostrando su amor de esta manera. Sin embargo, necesitamos superar eso. Un niño necesita sentirse amado, siempre, y tú tienes en tu poder una manera que garantiza que ellos sepan que son amados. Un niño que sabe que es amado es un niño feliz–el tipo de niño que brinca y corre a tus brazos cada vez que te ve.

Nunca, pero nunca te vas a arrepentir de ser afectuoso con tus hijos, porque vas a poder enviarles un mensaje de "eres amados" directo a sus corazones en cualquier momento con un sencillo besito en la frente, un abrazo rápido antes de la escuela o con solo tocarles el pelo en lo que pasan a tu lado. El toque amoroso de un padre es impresionantemente poderoso; envía un mensaje a tus hijos que las palabras, por sí solas, no pueden expresar. (Por cierto, "chocar esos cinco" no cuenta. Un chocar de esos cinco es una celebración, no una señal de afecto.)

Trata a tu hijo en la misma manera en la que hubieras querido ser tratado de niño. Echa una mirada atrás a como tú fuiste criado. Mira hacia atrás a como tu padre te mostró, o no te mostró, su amor por ti–como te disciplinaba, animaba, criticaba y te formó. Si tuviste un buen papá, ahora es tu oportunidad para tomar todo lo que él te enseñó y ponerlo a buen uso.

Si no tuviste un gran papá, esta es tu oportunidad de oro para reponer toda injusticia paterna que él te haya hecho siendo, para tu hijo, un papá amoroso, sensible e involucrado que lo que él fuera. Esta es tu oportunidad para mostrarle a tu padre, y al mundo, "Así es como se ve un buen padre." Provéele a tu hijo un nivel de amor, paciencia, entendimiento y afecto que le demuestre a tu propio padre cómo se debe hacer.

Nunca abuses a tu hijo. Nunca. Lo mismo va para con tu esposa. Nunca, nunca habrá una razón para golpear a una mujer o abusar a un niño. Es lo más alto de la cobardía y una desgracia para los padres en todo el mundo el lastimar a una mujer o a un niño. Es imposible ser un buen padre si lastimas a tu hijo o a la madre de tu hijo, aun si fuera una sola vez. Te deshonra a ti, a tu vida entera y a todo por lo que has trabajado tan duro para alcanzar. Transmítele esto a tus hijos.

Además de golpear, procura nunca ser verbalmente cruel para con tu hijo. Nunca lo llames estúpido, un idiota o cualquier otro sobrenombre que lo haga sentir que es menos que el gran niño que es. Que sea tu meta suprema darle a tu hijo tanto amor y elogio que le dé un problema de autoestima alta.

5.4 El Plan Papá

> trc 75 | trs 15 | tes 15 | página 90
>
> **Anuncia:** *Esta sección es una de las partes más importantes del curso donde pones los conocimientos en acción.*
>
> **Instruye:** *Responde las siguientes preguntas para crear tu Plan de Papá para mejorar sus habilidades relacionales y de co-crianza.*

Destreza paterna: Ser un mejor padre mejorando mis habilidades relacionales, mi paternidad en equipo y mi rol como padre.

Recuerda usar metas SMART para tu plan de darle un giro a tu vida.

Instrucciones: Contesta las siguientes preguntas para crear tu plan papá para ser un mejor padre.

1. ¿Cuál es mi meta SMART (eSpecífica, Medible, Alcanzable, Realista, aTempada) para crecer en mi conciencia cultural?

2. ¿Qué puedo hacer todos los días de esta semana para tener una mayor conciencia cultural?

3. ¿Cuando y a dónde puedo hacer esto?

4. ¿A quién le voy a rendir cuentas?

6.0 Avanzar

trc 60 | trs 60 | tes 15 | página 91

[Lee lo siguiente.]

META

Para ser un mejor papá
No importa qué tan difícil, no me voy a rendir o renunciar
Con el apoyo de mi fe, familia y comunidad
Hasta mi último aliento y se cierren mis ojos..

OBJETIVOS

1. Manutención
2. Empleo
3. Venciendo la adicción

6.1 Manutención

> **Anuncia:** ¿Qué valor o precio le darías a tu hijo? Para la mayoría de los padres, su hijo lo vale todo. La manutención infantil está destinada al niño y es una cantidad mínima que paga el padre sin custodia para contribuir a sus necesidades económicas
>
> **Anuncia:** Ahora, haremos un ejercicio para iniciar la discusión sobre la manutención de los hijos.
>
> **Instruye:** El facilitador enseñará a hacer un avión de papel con Dart. Una vez construido el Dart, tendrán la oportunidad de practicar un par de vuelos.
>
> [Da a los participantes una advertencia de un minuto cuando se acabe el tiempo..]

6.1.a Actividad: Transportador de aviones de apoyo

Instrucciones: El facilitador va a instruir a la clase a hacer un avión de papel. Una vez que el avión haya sido hecho, vas a tener la oportunidad de realizar un par de vuelos de práctica.

El papel es el "avión de guerra" y una mesa desginada va a ser un "transportador de aviones." El objetivo es lanzar tu avión de guerra de tal manera que aterrice sobre la mesa. Una vez que todos los aviones hayan sido creados, vamos a tomar turnos para intentar aterrizar el avión sobre el transportador de aviones (mesa).

> [Haz las preguntas del proceso.]

Preguntas del proceso

1. ¿Cómo apoya el transportador de aviones a la aeronave?
2. ¿Qué es manutención?

3. ¿Cuánto apoyo debes darle a tus hijos?
4. ¿Cuáles son otras maneras en las que puedes apoyar a tus hijos?
5. ¿Podrías pensar en alguna situación en la que no apoyarías a tus hijos?

La manutención está intencionada para ser la cantidad mínima a ser pagada por el padre que no tiene la custodia, para las necesidades financieras del niño.

6.1.b Como los PAPÁS pueden ayudar

> **Anuncia:** *El sistema de manutención infantil a veces puede parecer un adversario hostil para los padres. En esos momentos, el sistema parece transmitirles el mensaje de que su único propósito es pagar o morir.*
>
> **Anuncia:** *La mayoría de los hombres (al menos el 51% y por supuesto el porcentaje es mayor) quieren apoyar a sus hijos.*
>
> [Lee lo siguiente y da instrucciones sobre la actividad.].

No existe peor descripción de un padre soltero que ha ido bajo tierra que el ser etiquetado como "un padre irresponsable". Esto es una condenación terriblemente injusta de poner sobre un hombre que se encuentra en una situación perdida de ser condenado si lo hace (buscando trabajo legítimo y pagando lo que el sistema dice que debe para la manutención) y condenado si no lo hace (desapareciendo del radar, por debajo de la mesa, trabajos de un día, o presentando comportamiento criminal). No es tan sencillo como podría parecer, las situaciones, a menudo, son más complejas.

Instrucciones: Enumera 3 factores que obstaculizan que un hombre pague la manutención de sus hijos.

1. _____

2. _____

3. _____

Preguntas del proceso: ¿Cómo podemos superar estas barreras?

A continuación, vamos a revisar 5 pasos para Ser Padres-padres que están esforzándose por ser mejores:

1. **Enfrenta la realidad** –El primer paso es echar una mirada honesta a nuestra condición actual de vivienda, transporte, temas legales, adicción, violencia familiar, ingresos, empleo y cómo te puedes involucrar más con tus hijos.
2. **Da un giro** –El segundo paso es tomar la decisión de cambiar tu situación-arrepentirte o dejar de ir en la dirección que has estado yendo e ir en otra dirección. Estar dispuesto a tomar el tiempo y hacer el esfuerzo para hacer los cambios para ser el padre que tus hijos necesitan.
3. **Mi plan papá** –Haz un plan para ser una persona segura para tu hijo, recuperándote de la adicción y violencia familiar, darle a tu hijo un lugar seguro de estar en un hogar, un transporte para llevar a tus hijos a donde necesiten ir, un padre que no esté en peligro de caer en prisión, un padre que pueda proveer para las necesidades de sus hijos y un padre que tiene tiempo para sus hijos.
4. **El plan paternidad** –Un plan paternidad o un plan de custodia señala cómo tú y el otro padre van a seguir cuidando y proveyendo para los hijos después de la separación. Un plan efectivo contiene una agenda de paternidad que delimita cuándo estarán tus hijos con cada padre y cómo se va a hacer el cambio, quién tiene la custodia legal y la autoridad para tomar decisiones médicas, información de salud de los hijos, y explica cómo el padre va a pagar por los gastos médicos y dentales y quién provee el seguro médico, a dónde van a asistir a la escuela los hijos y quién paga y se involucra en la escuela, cuáles son los lineamientos a seguir para criar a tus hijos y cómo los padres se van a comunicar y trabajar juntos.
5. **Trabaja con DADS** – Divine Alternatives for Dads Services está aquí para trabajar a tu lado. Te vamos a ayudar a entender cómo puedes trabajar con el sistema, enseñarte cómo la fe le puede dar un giro a tu situación, ayudarte a dar pasos prácticos para mejorar tu situación y ser tus fan que vamos a creer en ti y animarte con la esperanza que la vida puede ser diferente para ti y para tus hijos.

6.1 La mayoría de los hombres quieren apoyar a sus hijos y DADS te puede ayudar a apoyarlos.

6.1.c Preguntas más comunes

> **Anuncia:** *En esta sección, revisaremos algunas preguntas frecuentes sobre la manutención infantil. No cubriremos todos los detalles, pero te servirá de referencia.*
>
> [Resalta las siguientes secciones que crea que podrían ser útiles para los hombres.]

La manutención es un tema que tiende a ser polarizado por todas las partes involucradas. Aunque, en algunas situaciones, la madre paga la manutención a los padres que tienen la custodia, en la mayoría de los casos, las madres son quienes tienen la custodia y los padres, que no tienen la custodia, pagan la manutención. Entonces, ¿cómo opera este sistema de manutención?, y, ¿qué necesitan saber los padres para cumplir con sus obligaciones?

El Programa Estatal para Padres

DADS era el modelo para el Alternative Solutions Programa (Programa de Soluciones Alternativas), una iniciativa estatal dentro de la Division of Child Support–DCS (División de Manutención para Niños), enfocada en ayudar a los padres a alcanzar la autosuficiencia. DCS valora grandemente el rol del padre, sin custodia, en sus familias y para con sus familias. Mientras que la mayoría de los padres pagan su manutención, otros enfrentan problemas para cumplir con sus responsabilidades. Su abordaje integral en servicios de manutención opera como un puente entre los grupos comunitarios y las personas a quienes ayudan, tratando con temas tales como el desempleo, vivienda, asuntos médicos y legales, y la transición de cárcel y prisión.

El Programa de Soluciones Alternativas (Alternativa Solutions Program) une a los padres con el gobierno y los grupos comunitarios para aumentar su habilidad de conseguir un trabajo y ser estables financieramente. Cuando tomas parte en el Programa de Soluciones Alternativas, un trabajador en tu caso te va a ayudar a crear un plan de acción para ti que pueda:

- trabajar con socios locales que te puedan ayudar con encontrar un trabajo, entrenamiento, vivienda, alimentos, recursos médicos y legales
- ayudarte a disminuir tus pagos de DCS o deuda con el estado
- ayudar con la suspensión de licencia u otras acciones del caso

Con una base de datos de más de 3,500 recursos comunitarios dentro del estado, te podemos conectar con los servicios que necesites.

Duración de los pagos de manutención

Generalmente, la ley requiere que una persona pague la manutención hasta que (1) tu hijo ya no sea menor de edad, a menos que el niño tenga necesidades especiales; (2) el niño ingrese a labores de actividad militar, (3) tus derechos legales sean terminados, ya sea por adopción u otro proceso legal, o (4) tu hijo, menor de edad, sea declarado "emancipado" por una corte-eso es, declarado un adulto antes de lo normal porque tiene la habilidad de verse por sí mismo.

Como la decisión de la custodia impacta la manutención

Ambos padres tienen una responsabilidad al mantener financieramente a los hijos. Cuando ocurre un divorcio, y un padre tiene la custodia física de los hijos, la responsabilidad de ese padre es cumplida siendo el custodio el padre custodial. Por lo tanto, el otro padre hace un pago de manutención, el cuál cumple con las responsabilidades no financieras del padre no custodial. En el caso de una custodia compartida, la cantidad de manutención con la que contribuye cada padre es calculada por la corte, considerando el porcentaje con el que cada padre contribuye al ingreso conjunto de la pareja, y el porcentaje del tiempo que cada padre tiene la custodia física de los hijos.

Responsabilidades de manutención al no estar casado

La obligación de mantener a un hijo no está condicionada por el matrimonio. Si eres padre, tú tienes la responsabilidad de mantener financieramente a tu hijo. Tus responsabilidades parentales pueden ser determinadas legalmente, ya sea a través de la noción de que eres un padre, por el hecho de que le diste la bienvenida a tu casa un niño como si fuera tuyo, o por el establecimiento de una prueba de paternidad. Las leyes estatales varían con respecto a la definición de un padre, por lo que, si existe alguna duda acerca de tu involucramiento, será mejor consultar con un abogado de familia en tu estado.

También puede ocurrir que, en ocasiones, a un hombre que engendre a un hijo no se le pida pagar manutención hasta que la madre reciba asistencia pública.

En tal caso, el gobierno podría regresar donde el padre buscando la manutención para reintegrarle al estado por los pagos de asistencia. Muchos padres han sido "blindados" a estas órdenes por muchos años después del hecho.

Responsabilidad financiera del padrastro

Un padrastro no es responsable financieramente. Sin embargo, si él adopta legalmente al niño y, por ende, da por terminado el derecho paterno al padre biológico, el padrastro se vuelve responsable por la manutención financiera.

Cuánta cantidad de manutención se determina

A cada estado en los Estados Unidos le es requerido por la ley federal establecer lineamientos, los cuales son usados para calcular el monto de manutención por parte de los padres, basado principalmente en sus ingresos y gastos. Como los estados presentan una gran discreción al establecer estos lineamientos, los pagos de manutención varían enormemente entre los diferentes estados, incluso bajo las mismas circunstancias. Pero, normalmente, las cortes van a tomar en consideración asuntos como el estándar de vida del niño antes del divorcio, las necesidades específicas del niño, los recursos del padre custodial y la habilidad de pago del padre no custodial. Como en la mayoría de los estados, a los jueces se les otorga una amplia discreción en establecer estos montos, es importante que el padre no custodial ponga la mayor cantidad de información sobre la mesa, delante de la corte, para lograr que estos montos sean lo más justos posible.

Como los cambios de ingresos impactan los cálculos si hay desempleo o reintegración a la escuela

Esto depende del juez y las circunstancias. Pero, generalmente, el pago de manutención para los hijos no sería reducido si un padre renunciara a un trabajo a tiempo completo y regresara a la escuela. Si se encontrase desempleado y luego encontrara un trabajo con menor salario, se podría reconsiderar el monto de la manutención para que sea más apropiado.

Consecuencias de no realizar los pagos de manutención establecidos

El no estar al día con tus obligaciones de pago de manutención se considera un "gran problema." Estás trayendo un gran involucramiento legal a tu vida y tus finanzas si no te mantienes a la altura de tus obligaciones de manutención establecidas. Adicionalmente, podría dañar tu credibilidad para con la corte y con los oficiales y autoridades del estado si quisieras hacer algún cambio posterior a tu plan paterno, tus arreglos de custodia o cualquier otro aspecto de relación legal con tus hijos o tu antigua pareja.

La orden ingresada por la corte, como parte de tu proceso de divorcio y custodia, define el monte y los días de pago, así como otras condiciones que podrían conllevar a la recalibración de tus compromisos. Estas condiciones podrían prescribir cuánto de un aumento nuevo se podría agregar a tus obligaciones de manutención, o lo que podrías hacer con un suceso inesperado como una herencia o una resolución de seguro.

El faltar a cumplir lo establecido es visto como desafiar una orden de la corte y te podría llevar a prisión, dando como resultado el embargo de tu salario, el embargo de propiedades, la suspensión de tu licencia de negocio o de conducir, u otras consecuencias severas.

El embargo es, a veces, lo más difícil ya que involucra que tu empleador retenga algo, casi todo, o todo tu salario y remitirlo al estado. Cuando el pagar tus obligaciones involucra a tu empleador, esto podría traer otras consecuencias no deseadas en el trabajo.

Mientras que el título III del Acto Federal de Protección del Crédito al Consumidor prohíbe a un empleador de despedir a un empleado por tener un embargo por cualquier tipo de deuda, podrías meterte en problemas con tu empleador por múltiples embargos. Otros, que vayan más allá de tus embargos por manutención (como de impuestos u otras deudas) podrían resultar en tu despido. Por lo tanto, esto es, claramente, algo que querrás evitar a toda costa.

Si estás teniendo dificultades en asumir tus obligaciones de manutención, podrías considerar crear un presupuesto más realista, reducir tus gastos, encontrar una vivienda menos costosa o un auto más económico, o negociar con los acreedores para reducir tus obligaciones de pago mensual de deudas. Estas podrían parecer medidas drásticas y podrían realmente cambiar tu vida, pero un estilo de vida más austero podría ser necesario para que puedas cumplir con tus obligaciones y proveer para el cuidado de tus hijos. Si te quedaras desempleado, haz una reducción de pagos, quita los pagos médicos grandes, o quita cualquier otra circunstancia extenuante; es importante que comiences el proceso, inmediatamente, de buscar que el monto de manutención de tus hijos sea modificado.

Podrías comenzar contactando la oficina de reforzamiento de manutención de tu estado y pedir una solicitud de moción formal para modificar tus obligaciones de manutención. Es de tu interés supremo iniciar con este proceso tan pronto como ocurra cualquier cambio significativo. En la mayoría de casos, la ley le prohíbe a un juez reducir retroactivamente un pago de manutención, aun si la reducción fuese razonable después del hecho. Además, podrías mantenerte con esa misma condición de montos requeridos hasta que se efectúe le fecha de la orden de modificación de la manutención.

El estar moroso con los pagos de manutención de tus hijos es algo que debes pensar muy seriamente. El ignorar esta importante responsabilidad podría tener consecuencias de largo alcance y es mucho más crítico que cualquier otra decisión que puedas tomar cuando las cosas se tornan difíciles financieramente. Solo entra con los ojos abiertos.

Opciones si la madre de tus hijos se rehúsa a pagar una manutención ordenada por la corte

La ley federal obliga al estado o a un abogado distrital a ayudarte a recolectar los pagos de manutención delinquidos. La mayoría de los estados tienen una burocracia entera-generalmente llamada algo como Oficina de Servicios de Recuperación (Office of Recovery Services)-disponible para recolectar estos pagos, y es por aquí que deberías comenzar.

Si tus circunstancias han cambiado

Solo la corte puede cambiar un pago establecido de manutención, por lo que, cualquier modificación debería ser sometido a un juez. Si ambas partes acuerdan un cambio, es, generalmente, un proceso bastante sencillo. Cuando no están de acuerdo, la solicitud debe ser sometida por medio de un abogado de ley de familia para una audiencia. La parte que quiere hacer un cambio, por encima de la objeción del otro, tiene la carga de demostrar lo que ha cambiado y por qué busca una cantidad distinta (mayor o menor). Los cambios temporales pueden ser el resultado de una emergencia médica, o un cambio de estatus de empleo, o una dificultad económica a corto plazo de la parte receptora.

Un cambio permanente en la manutención se ofrece cuando los ingresos cambian debido a un nuevo matrimonio, cualquiera de los padres tiene un cambio laboral que afecte su habilidad de pago o el niño se ve involucrado en necesidades nuevas y diferentes que cuando se contempló el establecimiento del monto original.

La retención de la manutención si tu expareja no honra las órdenes de custodia o visitas

Esta es una de las quejas más comunes de los padres no custodiales. Desafortunadamente, no puedes hacer esto. La manutención de tus hijos y las visitas son consideradas, por ley, dos asuntos totalmente distintos entre sí. Si tu expareja no está viviendo a la altura de respetar el acuerdo de custodia al proveer las visitas requeridas, tendrías que regresar a la corte para reforzar la orden de la corte. Tú tienes una obligación de proveer financieramente para tus hijos, a pesar de la situación de las visitas.

6.2 Empleo

> trc 45 | trs 45 | tes 15 | página 98
>
> **Anuncia:** *Nuestras propias necesidades y las de los niños que dependen de nosotros requieren ingresos, lo que requiere empleo. No solo necesitamos empleo, sino un empleo que nos proporcione un salario digno que nos permita cumplir con todas nuestras obligaciones.*
>
> **Anuncia:** *Existen muchas vías para obtener empleo, como la educación, la formación especializada, emprender un negocio propio o trabajar por cuenta ajena. En esta sección, exploraremos las condiciones importantes para encontrar un empleo atractivo.*
>
> [Lee lo siguiente].

El empleo es indispensable para cumplir con nuestras necesidades, así como las de nuestros hijos. Hay muchos caminos hacia el empleo, los cuáles incluyen educación, entrenamiento especial, comenzar un negocio propio o trabajar para alguien más. En esta sección, vamos a explorar las condiciones importantes de encontrar un empleo deseado.

6.2.a Actividad: Anuncio de 30 segundos

> **Anuncia:** *Si tuvieras 30 segundos para presentarte a un posible empleador, ¿qué dirías? En esta sección, realizaremos una actividad que puede ayudarte a conseguir cualquier trabajo que te contraten.*
>
> [Lee lo siguiente e instruye sobre el Anuncio de 30 segundos (3SC).]

Un "Anuncio de 30 segundos" (A3S) podría ser tu oportunidad para dar una buena impresión a un potencial empleador. Y, así como un locutor de televisión que está tratando de vender un producto gasta tiempo y dinero tratando de hacerlo bien, tú puedes gastar tiempo y practicar hacerlo bien para que puedas ser contratado.

¿Qué contiene un A3S? Esta es la estructura de un A3S:

1. **Saludo:** (Sonrisa cálida, apretón firme de manos, hablar con claridad) "Un gusto conocerle; mi nombre es (primer nombre y apellido)."
2. **Educación, experiencia y destrezas:** (lugar donde estudiaste, lo que estudiaste, para quién trabajaste, qué hacías, cualquier destreza especial).
3. **Fortalezas:** (Cualidades del carácter, tales como: trabajador comprometido, creativo, diligente, etcétera.)
4. **Logros:** (Reconocimientos o logros que hacen sobresalir tus fortalezas).
5. **Meta:** (el trabajo o carrera que estás buscando tener)

Instrucciones: Haz una lista de los ítems para cada categoría y luego usa estos ítems para crear tu anuncio de 30 segundos.

Saludo	1.
Educación, experiencia y destrezas	1. 2. 3.
Fortalezas	1. 2. 3.
Logros	1. 2. 3.
Meta	1.

6.2.b Habilidades blandas

Anuncia: ¿Qué son las habilidades blandas? Son características que permiten a una persona trabajar eficazmente en equipo. Las habilidades blandas son aquellas que ayudan a una persona a ser un buen compañero de equipo.

Instruye: En el diagrama a continuación, identifica la silueta del hombre con tus cinco características principales de un compañero de equipo (que posea habilidades blandas importantes).

Instrucciones: En el siguiente diagrama, etiqueta la estructura del hombre con tus cinco características principales para ser un buen miembro de equipo (teniendo habilidades blandas importantes).

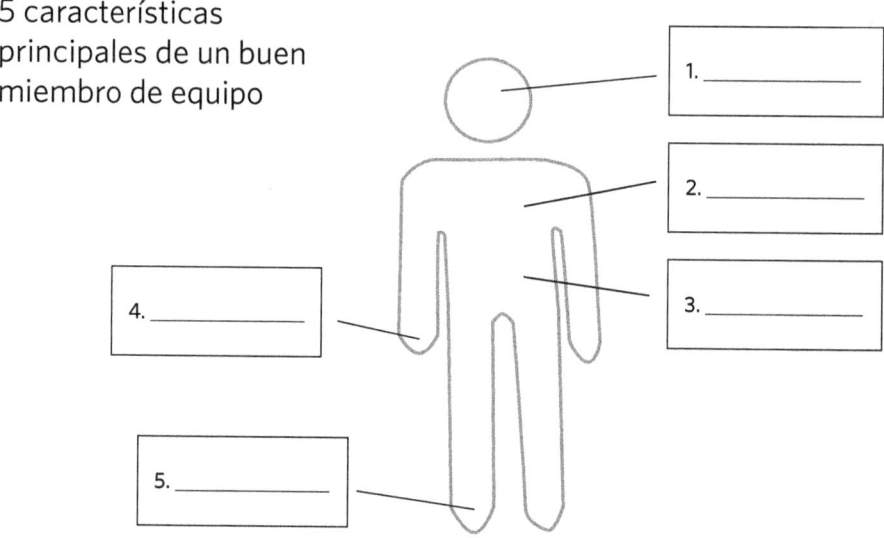

5 características principales de un buen miembro de equipo

1. _____
2. _____
3. _____
4. _____
5. _____

> [Dale tiempo a los hombres para completar la actividad y luego revisa sus respuestas; asegúrate de animarlos.]
>
> **Anuncia:** *Ahora, revisaremos lo que las empresas dicen buscar en habilidades blandas. Es posible que hayas mencionado las mismas cualidades.*
>
> [Revisa las listas.]

Una actitud positiva

Los empleadores buscan empleados que tomen la iniciativa y que tengan la motivación para terminar las tareas en un período de tiempo razonable. Una actitud positiva logra eso y motiva a los demás para hacer lo mismo sin rumiar en los desafíos que surgen, inevitablemente, en cualquier trabajo.

Es el empleado entusiasta quien crea un ambiente de buena voluntad y quien provee un modelo positivo para los demás. Una actitud positiva es algo que es altamente valorado por los supervisores y compañeros de trabajo, y que también hace que el trabajo sea más placentero y agradable para ir cada día.

Una buena ética de trabajo

Una ética fuerte laboral es algo que un empleador potencial va a querer ver. Una fuerte ética laboral se puede demostrar por medio de tu habilidad para completar todas tus tareas y responsabilidades, y siempre asegurarte que el trabajo es realizado completamente y según los procedimientos. El compromiso es otra característica que va de la mano con una fuerte ética laboral. Llega a tiempo al 5 características principales de un buen miembro deequipo trabajo, hacer aquello para lo que fuiste contratado, cumple las metas y los tiempos designados, y trabaja a lo máximo de tu habilidad. ¿Qué más podria pedir un empleador?

Excelente habilidad para la comunicación

Esto incluye la habilidad para comunicar de manera clara y efectiva usando cualquier medio: por correo electrónico, verbalmente, con listas y mensajes de texto, por teléfono y usando lenguaje corporal. La comunicación también incluyendo habilidades de escucha y la habilidad para seguir directrices y proveer retroalimentación.

Resolución de problemas

Las compañías están buscando a personas que estén motivadas para enfrentar los desafíos con directrices mínimas. Los empleados deben visualizar cuando algo debe de hacerse y reaccionar acordemente.

Un buen miembro de equipo

A los empleadores y gerentes les gusta tener a personas trabajando con ellos, y por ellos, que se puedan llevar bien con los demás colegas y que puedan trabajar efectivamente con los demás en distintas circunstancias.

Liderazgo

¿Visualizas a este individuo siendo una parte significativa de tu compañía y liderando a los futuros empleados de la firma? El liderazgo empieza con la autoconfianza, y es moldeada por los refuerzos positivos y el éxito repetitivo.

Pensamiento innovador

Las compañías siempre necesitan a miembros de equipo creativos que ayudan a encontrar soluciones nuevas. Uno de los beneficios de los nuevos contratados son las ideas nuevas, pero para asegurarte el tener ideas nuevas, necesitas pensadores creativos.

6.2.c Preparándote para tu empleo

> **Anuncia:** *Completar una solicitud es tu presentación definitiva ante el posible empleador. Una solicitud es como un currículum que te representa. Esto es importante por dos razones: puede ayudarte a conseguir el trabajo y te da una idea clara de lo que necesitas hacer para que tu solicitud sea más sólida.*
>
> *[Revisa los aspectos del proceso de solicitud.]*

Recolectando: Cuando recolectes o sometas una aplicación de trabajo, prepárate para una entrevista. Nunca sabes si tienen unos minutos libres y si están con prisa por contratar a alguien. También, vístete apropiadamente, porque, aunque podrías no obtener el trabajo ese mismo día, la secretaria o la persona quien reciba la aplicación podría ser indagada por el entrevistador acerca de lo que pensaron de ti. Las primeras impresiones son importantes; solo tendrás una única oportunidad para hacerla.

Lee cuidadosamente: Lee el formulario entero con sumo cuidado. Debes saber lo que se te está preguntando antes de llenar el formulario. Los empleadores podrían utilizar el formulario de aplicación para determinar lo bien que sabes seguir instrucciones y lo cuidadoso que podrías ser como empleado. Llena los espacios y contesta todas las preguntas. Responde completa, acertada y verdaderamente. Cuando algo no se aplica a ti, escribe N/A para "No aplica." Revisa tus respuestas asegurando buena ortografía, gramática, puntuación, llenado y veracidad.

Tinta/Tipografía: Utilizar tinta azul o negra o digita en la aplicación. Letra de molde. No uses colores extraños.

Expectativa salarial: Los empleadores podrían usar esta pregunta para filtrar a los aplicantes. Lo mejor es dar un rango de salario o responder con "negociable." Utiliza una de estas respuestas, aun si ya conoces el salario. Esto te permite el espacio para negociar un salario más alto.

Información personal: Si no tienes un teléfono, da un nombre donde se te puede dejar algún mensaje.

Educación y entrenamiento: Lista académica, vocacional y educación profesional, así como escuelas a las que asististe. Prepárate para adjuntar copias de los certificados, así como de otros documentos. Si estás planeando asistir a la universidad, escribe: "Planeo asistir a XYZ Universidad", y cuándo.

Experiencia laboral: Anota siempre, de primero, el empleador más reciente. Provee nombres completos y veraces, fechas, direcciones, números de teléfono, títulos, fechas de empleo, etc. Utilizar tu currículum como una guía. Asegúrate de que la información presentada en la aplicación coincida con la información en tu currículum. Explica las brechas en tu historial de trabajo.

Habilidades especiales relacionadas al trabajo: Utilizar verbos de acción para enumerar tus habilidades especiales relacionadas al trabajo, entrenamientos, licencias y logros. Enumera los tipos de equipo/herramientas que saber usar. Esto te hará sobresalir de los demás aplicantes. La descripción de trabajo puede proveer aquellas pistas acerca de habilidades importantes.

Razón de por qué te fuiste: Ten cuidado al dar la razón por la que dejaste tu trabajo previo. Aun si tu jefe anterior era un cretino, nunca deberías de mostrarte negativo. Algunas respuestas aceptables incluyen: "conflicto con la escuela," "conflicto de horario," "mejores oportunidades para avanzar," "falta de trabajo" y "empleo estacional."

Referencias: La mayoría de los empleadores van a llamar a las referencias, pero también podrían solicitar una evaluación escrita por correo. Muchos empleadores solo pueden hablar de las fechas laboradas y si te contratarían de nuevo. Por lo tanto, quizás prefieras usar a maestros, consejeros, directores, "coaches", pastores, etc. como referencia. (No utilices a familiares.) Asegúrate de pedirles permiso y verificar cuándo pueden ser contactados. Provee información completa y veraz acerca de tres (o más) personas que podrían hablar bien de ti.

Detalles finales: Firma (no imprimas) tu nombre e incluye la fecha actual. Asegúrate cuidadosamente de haber completado la aplicación. Una vez que hayas llenado una aplicación, es un documento vinculativo; cualquier información falsa podría ser motivo para una terminación. Si te preguntan cuándo podrías comenzar a trabajar, asegúrate de permitir el tiempo suficiente para dar al menos dos semanas de notificación para tu empleador actual.

> **Instruye:** *Llenar una aplicación.*
>
> [Revisa los aspectos del proceso de solicitud.]

Instrucciones: Completa la aplicación.

Información personal
Nombre, dirección, número telefónico

[   ]

Posición para la cual está aplicando

[   ]

Expectativa salarial

[   ]

¿Alguna vez has sido hallado culpable de un delito?

[   ]

Historia laboral (Últimos tres trabajos)

[   ]

Educación

[   ]

Habilidades especiales

[   ]

Referencias

[   ]

6.2 Necesitamos un empleo que provea una ganancia suficiente para suplir para todas nuestras obligaciones personales, incluyendo las necesidades de nuestros hijos.

6.3 Adicciones

> trc 30 | trs 30 | tes 15 | página 105
>
> **Anuncia:** *La adicción es como un tornado. A menudo no se ve venir hasta que es demasiado tarde. Arrasa con tu vida y la de tus conocidos. A su paso, deja un rastro de destrucción en todo lo que toca. Una vez atrapado en el tornado de la adicción, tu vida puede convertirse en un ciclo de drogas, delincuencia y encarcelamiento. La adicción es una cuestión de vida o muerte.*
>
> **Estado:** *Sin embargo, hay esperanza; muchas personas han encontrado un camino hacia la recuperación. En esta sección, buscamos comprender mejor la adicción y cómo podemos encaminarnos hacia la recuperación.*

Una adicción es como un tornado; a menudo, no se puede ver hasta que ya sea muy tarde. Destruye tu vida y las vidas de las personas que conoces. A su paso, deja un camino de destrucción en todo lo que toca. Una vez que estés atrapado en el tornado de la adicción, tu vida puede girar en torno a las drogas, crimen y prisión. La adicción es un asunto de vida y muerte.

Sin embargo, hay esperanza, y muchas personas han encontrado un camino hacia la recuperación. En esta sección, buscamos entender mejor la adicción y cómo podemos enrumbarnos en el camino hacia la recuperación.

6.3 Actividad: Partido de fútbol de papel

> [Lee las instrucciones, realiza la actividad y analiza las preguntas del proceso.]

Instrucciones: El facilitador te va a instruir sobre hacer una pelota sencilla y te explicará las reglas. Nos vamos a poner en parejas y jugar fútbol de papel durante 4 minutos.

1. Mueve la pelota usando tu dedo índice y pulgar.
2. Un gol de campo se anota cuando un jugador avanza la pelota al punto en que parte de ella está sobre el borde de la mesa. Además, el gol de campo puede patear la pelota para un punto adicional.

3. Se anota pateando cuando la bola está sostenida por una mano y se chasquea con la otra mano y luego viaja por en medio del marco formado por los dedos del equipo contrario.
4. Si el oponente saca la pelota de la mesa 4 veces, el jugador contrario puede patear un gol de campo.

Preguntas del proceso

1. ¿Cómo puedes definir la adicción?
2. ¿Cómo comparas este juego con la adicción?
3. ¿Qué son algunas cosas que te podrían ayudar a ganar?
4. ¿Qué son algunas cosas que te podrían hacer perder?

6.3a Desorden de abuso de sustancias

> **Nota:** El propósito de esta sección es brindarles a los participantes una mejor comprensión del trastorno por uso de sustancias para ayudarlos con la recuperación.
>
> [Lee lo siguiente.]

Muchas personas no entienden cómo una persona puede tener una predisposición o desarrollar un desorden de abuso de sustancias. Se atribuye desorden de abuso de sustancias al rompimiento del carácter moral, la falta de poder de voluntad, o terquedad, y asumir que el consumidor puede parar en cualquier momento. La realidad es que el desorden de abuso de sustancias es complejo, y requiere de más que buenas intenciones y una voluntad fuerte para la recuperación.

La decisión inicial de usar drogas es voluntaria, para la mayoría de las personas, pero su uso repetido es uno que, a menudo, lleva a desafíos cerebrales que atentan contra el autocontrol del consumidor e interfieren con su habilidad para resistir la urgencia de consumo. A causa de estos desafíos, el consumidor es altamente susceptible a recaer, incluso, años después de haber estado sobrio (Gould, 2010; Volkow et al., 2004).

> **Anuncia:** *¿Cuándo se convierte el consumo de sustancias en un trastorno? A continuación, analizaremos los síntomas del desorden de uso de sustancias (DUS).*
>
> [Lee lo siguiente; dirija el ejercicio.]
> [Clave de respuestas]:
> Control de deterioro – Cuando 4
> Deterioro social – Cuadro 3
> Uso riesgoso – Cuadro 2
> Criterios farmacológicos – Cuadro 1

Síntomas DUS

El desorden de uso de sustancias (DUS) representa un conglomerado de síntomas que indican que el individuo sigue usando las sustancias a pesar de los problemas resultantes de varios grados de severidad. Los patrones de comportamiento patológicos relacionados al uso de todas las sustancias se pueden agrupar en cuatro áreas: impedimento de control, impedimento social, uso riesgoso y criterio farmacológico..

Instrucciones: Une los patrones de comportamiento por desorden de uso de sustancias con las descripciones del comportamiento, dibujando una línea que conecte las palabras de la izquierda con el cuadro de la derecha.

1. Impedimento de control	a. Una tolerancia requiere dosis elevadas significativas para alcanzar el mismo resultado deseado. b. Luego de un uso prolongado, un cese repentino puede resultar en una variedad de síntomas de síntomas de abstinencia.
2. Impedimento social	a. Uso de sustancias en situaciones que son físicamente peligrosas. b. Uso continuado a pesar del conocimiento de presentar problemas que empeoran por el uso de la sustancia. c. Fracaso en abstenerse a pesar de las dificultades que causa.

3. Uso riesgoso	a. Un fallo en las obligaciones de trabajo, escuela y el hogar. b. Uso continuo, a pesar de los problemas sociales persistentes y recurrentes. c. Se podría renunciar a, o reducir, actividades sociales, laborales o recreacionales importantes debido al consumo. d. Se podría dar un alejamiento de familia y pasatiempos para el uso de sustancias.
4. Criterio farmacológico	a. Consumir la sustancia en mayores cantidades a lo largo de un período más largo de lo pensado. b. Expresa un deseo persistente de recortar o regular la sustancia y reporta repetidamente esfuerzos no exitosos para recortar o suspender. c. Pasa una mayor cantidad de tiempo buscando, consumiendo o recuperándose de la sustancia. d. Casi todas las actividades diarias giran en torno a la sustancia. e. Un deseo abrumador que podría ocurrir en cualquier momento, pero que, a menudo, es disparado por una asociación condicionada con algún tipo de disparador interno o externo.

Anuncia: *Ahora, veremos cinco factores que pueden influir DUS.*

[Lee lo siguiente; dirige el ejercicio..]
Clave de respuestas:
1. Apego
2. Trauma
3. Biología
4. Entorno
5. Cognición

AVANZAR

Factores del desorden de uso de sustancias

No existe un factor único que pueda predecir si una persona va a tener un desorden de uso de sustancias. Sin embargo, existen 5 factores que podrían influir en el desorden de uso de sustancias. (ver figura 6.3).

El ciclo de la adicción

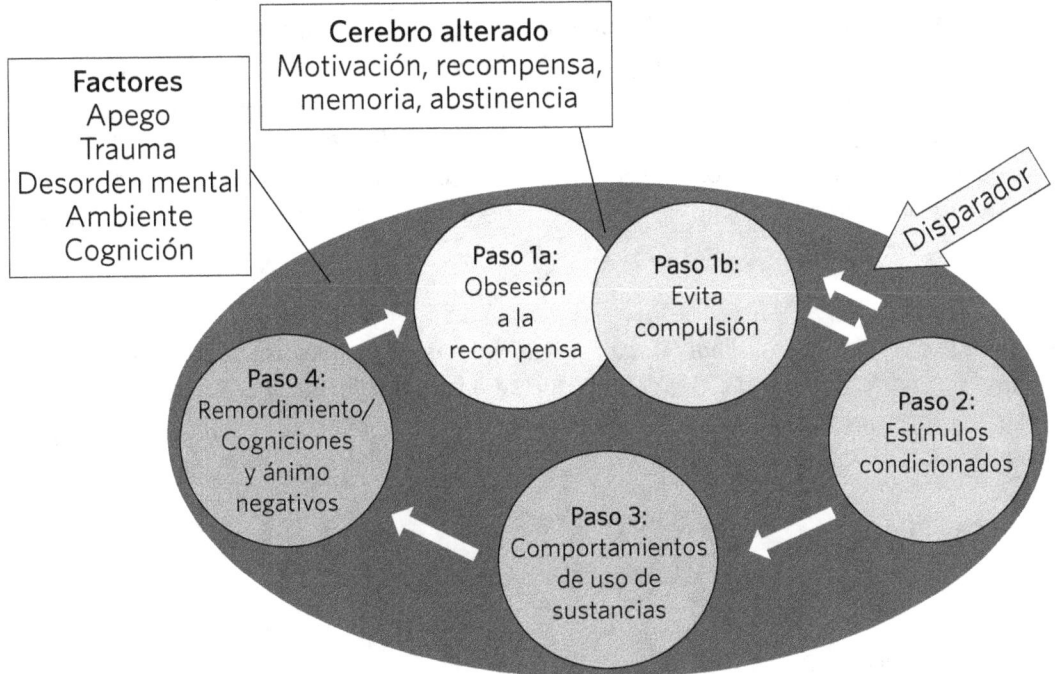

Instrucciones: Utiliza la lista de palabras para llenar los espacios en blanco.
Lista de palabras: (Ambiente, bilogía, trauma, apego, cognición)

1. El tener un _____ inseguro es provocado por una madre o cuidadora que no fue propicia o confiable en suplir tus necesidades durante los primeros tres meses de tu vida. Esto hace que obtener y mantener apoyo social sea difícil.

2. Experimentar un _____ que no se ha resuelto puede resultar en una vivencia repetida de la experiencia y buscar un alivio de los síntomas a través del consumo de sustancias.
3. La _____ influye en casi la mitad del riesgo de una persona con respecto a una adicción. El tener un padre biológico con un desorden de uso de sustancias aumenta la probabilidad de desarrollar un desorden, aun si el individuo es adoptado en una familia donde no hay un desorden de uso de sustancias.
4. El _____ de una persona, así como ciertos grupos, son propensos a los desórdenes de uso de sustancias, incluyendo varones, personas con una escolaridad e ingresos bajos, personas divorciadas y personas en ciertas ocupaciones con una cultura de bebida.
5. Nuestra _____ maneja las miles de palabras que nos decimos a nosotros mismo todos los días; eso se llama autodiscurso. La mayor parte de nuestro autodiscurso es negativo, lo cual puede llevar a comportamientos negativos de uso de sustancias.

> **Anuncia:** *Acabamos de examinar 5 factores que pueden influir en el uso de sustancias. Estos factores son parte de un ciclo de adicción que se ilustra en la Figura 6.3. A continuación, vamos a mirar este ciclo de la adicción y cómo altera los sistemas de motivación cerebral, recompensa, abstinencia y memoria.*
>
> *[Lee lo siguiente.]*

El ciclo de la adicción

La mayoría de las drogas simulan un diluvio del mensajero químico del cerebro, dopamina, un centro de recompensas (ver figura 6.3 Paso 1a). Este centro de recompensas controla la habilidad del cuerpo para sentir placer y motiva los comportamientos requeridos para elevarse (ej. comer y socializar). Esta sobreestimulación del centro de recompensas produce ese pico de placer que lleva a un uso repetido. (Gould, 2010; Volkow et al., 2004).

El uso continuo hace que el cerebro se ajuste al exceso de dopamina produciendo menos de ella y/o reduciendo la habilidad de las células en el centro de recompensas para responder ante ella. Esto reduce ese pico que la persona siente en comparación con el pico que sintieron cuando comenzaron a usar la droga. En otras palabras, se vuelven más tolerantes. La reacción está tomando más tiempo para obtener el mismo pico. Adicionalmente, podría causar menos placer en otras cosas que el disfrutado anteriormente, como con la comida o las actividades sociales (Gould, 2010; Volkow et al., 2004). El consumidor requiere de más sustancia solo para sentirse normal y evitar sentirse mal (ver figura 6.3 Paso 1b).

Otros estímulos en el ambiente (sentidos, recuerdos, lugares, sentimientos, etc.) están asociados con el pico (ver figura 6.3 Paso 2) pueden disparar el deseo de buscar la sustancia, de consumir la sustancia (ver figura 6.3 Paso 3), y de luego experimentar remordimiento por consumir (ver figura 6.3 Paso 4) y repetir el ciclo.

Preguntas del proceso:

1. ¿Cómo puedes saber si tienes un desorden de uso de sustancias?
2. ¿Cuáles factores en tu propia vida te hacen más susceptible a una adicción?
3. ¿Qué hace que el ciclo de la adicción sea tan difícil de romper?

6.3 Una combinación de biología, ambiente y factores del desarrollo influyen en el riesgo de un desorden de uso de sustancias.

6.3b Preparándote para el cambio

> **Anuncia:** *Ahora, analizaremos cómo realizamos cambios y algunos de los preparativos necesarios para lograrlo.*
>
> [Lee las instrucciones, facilita el ejercicio y revisa la preparación para el cambio].

Como lo abarcamos en la primera sesión, hay 5 etapas por las que pasan las personas antes de que realmente puedan hacer un cambio (Prochaska, DiClemente and Norcross, 1992). Las etapas son: mantenimiento, preparación, recaída, precontemplación, acción y contemplación.

1. **Precontemplación:** No ves la necesidad de un cambio por ahora.
2. **Contemplación:** Ves la necesidad de un cambio y estás pensando en un cambio.
3. **Preparación:** Pretendes tomar acción en un futuro cercano.
4. **Acción:** Cambias tu comportamiento.
5. **Mantenimiento:** Necesitas sostener el cambio y no retroceder a la racha.
6. **Recaída:** Comienzas de nuevo.

El cambio no es fácil, y después de cambiar, a menudo, puedes regresar a los viejos patrones, por lo que lo sigues intentando.

Somos resistentes al cambio

Como se mencionó anteriormente, el concepto de la homeostasis proviene del campo de la biología. El cuerpo humano se regular para mantener un estado estable de homeostasis (Cannon, 1932). Un ejemplo es cuando nuestra temperatura corporal supera los 98,6, nuestro cuerpo transpira para refrescar el cuerpo y devolverlo a un equilibrio. En corto, cualquier cambio en el cuerpo se enfrenta a una resistencia, y hace un intento por cambiarlo de vuelta.

Este concepto también es usado en la terapia de familia. La idea es que las familias y los individuos se resisten al cambio para mantener un estado estable. Esto es lo que mantiene a las familias y los individuos pegados en ciclos o comportamientos. Es como tener un auto que se queda pegado en un bache. La rueda del carro está tratando de rodar hacia delante, pero no puede lograr el momentum para liberarse y terminar rodando de vuelta al bache.

Reconociendo nuestra discrepancia

Las personas son más persuadidas por lo que se escuchan decir a sí mismas que por lo que les dicen otras personas. El ayudarle a la familia a enfocar su atención en cómo un comportamiento actual difiere de un comportamiento ideal o deseado, es un paso importante para lograr un cambio. Un ejemplo es: tu meta o deseo es ser una familia feliz unida, pero tu consumo de sustancias está causando dolor y está destruyendo a la familia.

Esto requiere escuchar lo que la familia expresa como sus metas y valores. Tú puedes ayudar a cambiar la percepción de la familia sin crear una sensación de ser presionado o coaccionado. El cambio en la familia es motivado por la discrepancia percibida entre el funcionamiento familiar actual y las metas y valores importantes para la familia.

Encontrando un grupo de apoyo

Los familiares y amigos que han sido afectados por la adicción también necesitan consuelo y apoyo. El interactuar con otros miembros de la familia quienes están atravesando una situación similar, ayuda a avanzar en su propio proceso de recuperación. Así es como ocurre la sanidad emocional, y es la razón por la que los grupos de apoyo para familiares de personas adictas a las drogas es tan importante.

Los grupos de apoyo les permiten a los familiares a que se ayuden entre sí. Muchos de nosotros aprendemos más cuando le enseñamos a otros. Para aquellos que apartan su tiempo y energía para ayudar en la recuperación de otras personas, los beneficios emocionales y psicológicos son bastante tangibles. No solo recibiendo apoyo, sino también dándolo, el involucramiento de un familiar es aumentado y se obtiene más de la experiencia.

Mientras que los grupos de apoyo para el abuso de drogas y alcohol no son la respuesta final a las preguntas acerca de la recuperación, son extremadamente beneficiosos para el proceso. Aquellos que participan en estos grupos, generalmente, tienen una actitud más positiva hacer su tratamiento y se encuentran mejor equipados para mantener una recuperación sostenida.

Preguntas del proceso:

1. ¿Por qué es tan difícil el cambio?
2. ¿Cómo te ayuda el modelo de las etapas del cambio a pensar en un cambio exitoso?

6.3b Somos resistentes al cambio, pero reconocemos cómo nuestro consumo de sustancias nos alejan de nuestros deseos o metas más profundos, y con el apoyo de otras personas, podemos cambiar.

6.3c Cambio paso a paso

> **Anuncia:** *A menudo, afrontar el cambio requiere la ayuda de otros. Como ha sucedido con el éxito demostrado mediante la entrevista motivacional y los 12 pasos.*
>
> [Revisa lo siguiente.]

La Entrevista Motivacional (EM) es un estilo de consejería que, inicialmente, se usó en el tratamiento de las adicciones, pero ha sido usado más y más por parte de otros profesionales de ayuda social. La EM se puede usar para crear un ambiente que le facilite el cambio a un consumidor. En la EM, hay 5 estrategis que son de mucha ayuda para ayudar a motivar al cambio.

1. Presenta el tema con apertura, preocupación y con una falta de juicio para establecer rapport.

El establecer rapport con el consumidor disminuye estar a la defensiva y aumenta la apertura a la posibilidad de un cambio. Expresar aceptación y afirmación es importante (Rollnick & Miller 1995).

> **Auxiliar:** Hay algunos indicadores de consumo de drogas y, como me preocupa tu salud, me gustaría explorar maneras en las que te podría ayudar. ¿Qué me puedes decir acerca de tu consumo de drogas?

2. Evaluar la motivación

Un método para evaluar la motivación es utilizar una escala de 1 a 10 y luego preguntar por qué la motivación no es *menor:*

> **Auxiliar:** "¿Qué tan listo estás para rendirte, en una escala de 1 a 10?"
> **Consumidor:** "Yo diría que 4."
> **Auxiliar:** "¿Por qué no menos?"
> **Consumidor:** "¿Menos? '....¿Por qué no menos? Um, bueno, está mi trabajo que es importante para mí..."

Al preguntar, ¿Por qué no menos?" hay más probabilidad de producir alguna afirmación de motivación, mientras que, al preguntar;¿Por qué no más?; hay más probabilidad de producir excusas. Así mismo, aumenta la confianza del consumidor en su habilidad para cambiar y sobre estar preparado para el cambio (Rounsaville 2002).

3. Provoca afirmaciones de motivación

Utiliza preguntas abiertas y una escucha reflexiva para incitar las explicaciones propias del paciente sobre sus comportamientos, reconocimiento o preocupación por un problema, y deseo, intención y habilidad para el cambio.
Por ejemplo, di:

> **Auxiliar:** "¿Cómo ha afectado, la bebida, tu vida?"
> **Consumidor:** "¡Arruinó mi matrimonio!"

4. Resuelve la ambivalencia

Los pacientes tienen, a menudo, un alto grado de ambivalencia con respecto a cambiar sus comportamientos adictivos (Wagner & Conners 2003c); quieren, ambos, el placer y la indulgencia, así como, los beneficios de la abstención. Ayúdale al paciente a explorar, articular y clarificar la ambivalencia que podría estar teniendo acerca de su problema de comportamiento. Resalta las discrepancias en lo que el paciente dice para poder producir una tensión interna que pueda llevar al cambio.

Por ejemplo, di:

Auxiliar: "Por lo que estás diciendo, la bebida es importante para tu vida social, mientras que, al mismo tiempo, está lastimando tus relaciones más significativas. ¿Qué piensas acerca de eso?"
Consumidor: "El mantener a mi novia es, en realidad, más importante."

5. Planifica para el cambio

En la Entrevista Motivacional, el cliente crea su propio plan para el cambio (Ingersoll et al. 2000; Rosengren & Wagner 2001). Invita al paciente a crear un plan para los próximos 30 a 90 días. El plan está basado en la etapa actual del cambio del paciente y no necesita incluir el dejar las drogas si el paciente no está listo.

Por ejemplo, pregunta:

Auxiliar: "¿Qué paso, de ser posible, podrías dar en el próximo mes para moverte en la dirección de pensar en dejarlo?"
Consumidor: "Puedo asistir a una cita de seguimiento."

Estos son los 12 pasos definidos por Alcohólicos Anónimos:

1. Admitimos que éramos importantes ante el alcohol, que nuestras vidas se habían vuelto ingobernables.
2. Llegamos a creer que un Poder superior a nosotros mismos podría devolvernos el sano juicio.
3. Decidimos poner nuestras voluntades y nuestras vidas al cuidado de Dios, como nosotros lo concebimos.
4. Sin miedo hicimos un minucioso inventario moral de nosotros mismos.
5. Admitimos ante Dios, ante nosotros mismos, y ante otro ser humano, la naturaleza exacta de nuestros defectos.

6. Estuvimos enteramente dispuestos a dejar que Dios nos liberase de todos estos defectos de carácter.
7. Humildemente le pedimos que nos liberase de nuestros defectos.
8. Hicimos una lista de todas aquellas personas a quienes habíamos ofendido y estuvimos dispuestos a reparar el daño que les causamos.
9. Reparamos directamente a cuantos nos fue posible el daño causado, excepto cuando el hacerlo implicaba perjuicio para ellos o para otros.
10. Continuamos haciendo nuestro inventario personal y cuando nos equivocábamos lo admitimos inmediatamente.
11. Buscamos, a través de la oración y la meditación, nuestro contacto consciente con Dios, como nosotros lo concebimos, pidiéndole solamente que nos dejase conocer su voluntad para con nosotros y nos diese la fortaleza para cumplirla.
12. Haciendo obtenido un despertar espiritual como resultado de estos pasos, tratamos de llevar este mensaje a otros alcohólicos y de practicar estos principios en todos nuestros asuntos.

Preguntas del proceso:

1. ¿Cuál crees que es la clave para hacer que la entrevista motivacional sea efectiva?
2. ¿Cuál es el papel de la fe en la recuperación

6.3c Los estudios han demostrado que los grupos de autoayuda, tales como Alcohólicos Anónimos (AA), que los 12 pasos ayudan con una sobriedad y recuperación a largo plazo.

6.4 El Plan Papá

trc 15 | trs 15 | tes 15 | página 115

Anuncia: *Esta sección es una de las más importantes del curso, donde pondrás en práctica tus conocimientos.*

Instruye: *Responde las siguientes preguntas para crear tu Plan de Papá: no te rindas ni te rindas, sino que busca el apoyo de la fe, la familia y la comunidad.*

Destreza paterna: Voy a ser un mejor papá, sin importar qué tan fuerte, no me voy a rendir o renunciar, a través del apoyo comunitario de mi fe, familia y comunidad, hasta mi último aliento y mis ojos finalmente se cierren.

Recuerda usar las metas SMART para tu plan para darle un giro a tu vida.

Instrucciones: Responde las siguientes preguntas para crear tu plan de papá para convertirte en un mejor papá.

1. ¿Cuál es mi meta SMART (eSpecífica, Medible, Alcanzable, Realista, aTempada) para crecer en mi conciencia cultural?
2. ¿Qué puedo hacer todos los días de esta semana para tener una mayor conciencia cultural?
3. ¿Cuándo y a dónde voy a hacer esto?
4. ¿A quién le voy a rendir cuentas?

7.0 Referencias

Bowlby, J. (1969), *Attachment and loss, Vol. 1: Attachment.* New York: Basic Books.

Epstein, N., Bishop, D., & Baldwin, L. (1984). McMaster model of family functioning. In D. H. Olson, & P. M. Miller (Eds.), Family studies review year-book (Vol. 2). New Delhi: Sage Publications

Gould, T. J. (2010). Addiction and cognition, *Addiction Science Clinical Practice, 5(2),* 4-14.

Henriques, G. (2013). On making judgments and being judgmental: Eight dynamics to consider in making constructive judgments. Psychology Today. Retrieved from: https://www.psychologytoday.com/blog/theory-knowledge/201305/making-judgments-and-being-judgmental

Henriques, D. (2014). The Core Need. Psychology Today. Retrieved from https://www.psychologytoday.com/blog/theory-knowledge/201406/the-core-need

Hibel, James, "Cooperation And Competition In Family, Pseudo-Family And Peer Triads" (1981). *Child and Family Studies - Dissertations.* 54. https://surface.syr.edu/cfs_etd/54

National Association of Social Workers. (2008). *Code of ethics of the National Association of Social Workers.* Washington, DC: NASW Press.

Prentice, R. (2014). Teaching behavioral ethics. Journal of Legal Studies Education, 31(2), 325-365.

Van der Kolk, B. A. (2014). *The body keeps the score: Brain, mind, and body in the healing of trauma.* New York: VikingU.S. Census. (2015). American Indian and Alaska Native Heritage Month: November 2015. Retrieved from https://www.census.gov/newsroom/facts-for-features/2015/cb15-ff22.html

Rycus, J. S. (1998). The field guide to child welfare volume III: Child development and child welfare, Child Welfare League of America Press.

Genovese, E. (1976). "The Political Crisis of Social History: A Marxian Perspective", Journal of Social History, 10(2), 205–220.

Seligman, M. E., & Maier, S. F. (1967). Failure to escape traumatic shock. *Journal of Experimental Psychology, 74(1),* 1-9.

www.ingramcontent.com/pod-product-compliance
Lightning Source LLC
Chambersburg PA
CBHW081448070526
44586CB00019B/2272